성서 시대사 신약

사토 미가쿠 지음 | 김석중 옮김

서커스

SEISHO JIDAISHI SHINYAKU HEN

by Migaku Sato

©2003 by Miagku Sato

Originally published in 2003 by Iwanami Shoten, Publshers, Tokyo.

This Korean edition published in 2021 by Circus Publishing Co.,

Paju by arrangement with Iwanami Shoten, Publishers, Tokyo

차례

서문

이 책의 내용

성서시대사란 말은, 일반적으로는 〈구약성서〉 내지 〈신약성서〉의 중핵적 역사—이스라엘사 내지는 초기 그리스도교사—의 전제가 되는 장소의, 혹은 그것과 동시 병행적으로 진행된 주변 세계의 역사를 가리킨다. 따라서 '성서시대사 신약편'이라고 이름 붙인 책이라면, 〈신약성서〉가 쓰인 시기의 주변사, 구체적으로는 로마사와 유대사가 이야기될 것이라고 예상할 수 있을 것이다. 하지만 이 책은 거기에 머물지 않고, '초기 그리스도교사' 그 자체가 중핵에 놓여 있고, 실제로는 '시대사'를 바탕에 놓고 '초창기 그리스도교사'라고 하는 게 오히려어울리는 구성으로 되어 있다. 이 점, 제목과 내용에 약간의 어긋남이 있을 수 있는데, 독자들의 양해를 바란다.

애초에, 이때의 '초창기 그리스도교'란 어디까지인가가 문제가 될 것이다. 여기에서는 '성서시대사 신약편'이라고 하는 제목이 나타내는 것처럼, 〈신약성서〉의 실질적인 성립 시기인 기원후 2세기 말까지를 내용으로 하고 있다.

그리스도교는 언제 성립되었는가

하지만 이것은 애매한 결단이기도 하다. 애초에 〈신약성서〉 27서書가 정식으로 인정받고, 현재 우리가 보고 있는 형태로 확정된 것은 기원 393년 히포 공의회(북아프리카)에서였고, 그것이 공포된 것은 397년 카르타고 공의회에서이다(그것도 정확히 말하자면, 서방교회의 이야기이고, 동방교회에서는 10세기가 되어서였다). 결국 예수의 탄생 후, 거의 400년이 걸려서 확립된 것이 〈신약성서〉이다. 다만 〈신약성서〉 속의 문서들이 실제로 쓰인 것은, 기원 1세기부터 (늦어도) 2세기 중반까지이고, 2세기 말에는 현재의 27서 중 22서까지가, '정전正典'적 권위를 인정받았다는 것이 알려져 있다. 또한, '신약성서'—오래된 계약의 서인 '구약성서'에 대해 새로운 계약의 서란 의미—라는 표현도 이 무렵부터 보인다. 그러한 사실에서 편의적으로 2세기 종반에 하나의 단락을 인정하려 하는 것이다.

그러나 2세기 말이면, 그리스도교 전체로 보아도, 아직 종교로서 확립의 길을 걷던 시기이다. 그것이 완성되는 것은, 4-5세기의 로마 카톨릭 체제의 확립기로 보는 게 타당할 것이다. 이것은 앞서 본 〈신약성서〉 27서의 정식 확정 시기와 겹친다. 그리고 여기에서 확립된 그리스도교가 현재에 이르기까지의(적어도 서쪽의) 카톨릭이나 프로테스탄트 그리스도교의 기초가 되었다. 이 시기를 그리스도교가 '성인'에 도달한 시기라고 한다면, 기원 2세기 말이란 그리스도교가 아직 '소년'이었던 시기였던 셈이 된다. 결국 그리스도교가 자신의 아이덴티티를 찾고, 강고히 하려고 악전고투했던 시기라고도 할 수 있다.

그렇다면 그리스도교는 언제, 그 모태인 유대교에서 벗어나, 자신의 두 다리로 서게 되었을까. 즉, 언제 독자적인 종교 단체로서 자각을 갖게 되었을까.

일반적으로 우리는, 예수가 그리스도교를 창시한 '개조'이고, 그 뒤의 '사도'들이 그리스도교를 일으켰다고 이해하고 있다. 독일의 철학자 프리드리히 니체처럼, 그리스도교를 만들어낸 것은 사도 바울로라고 보는 사람도 오늘날까지 존재한다(그때의 그리스도교란 예수의 진정한 가르침으로부터의 이탈로서 부정적으로 이해되는 것이 일반적이다). 하지만 나의 개인적 견해로는, 어느 쪽도 정확하지는 않다. 양쪽 모두 후대의 필터를 통해서 사물을 보고 있는 것이다.

'그리스도교'라고 불리기에 이른 종교가, 그 기반인 유대교로부터 자각적으로 스스로를 분리해서 홀로 서기 시작한 것은 —전체로서는 점진적인 프로세스였다고는 해도— 실은 기원 70년부터 1세기 종반 무렵이다. 그때까지는 유대교 내부의 개혁 운동의 하나였다고 간주하는 것이 사태에 가장 근접해 있다. 따라서 예수도 바울도 '그리스도교'라는 것은 몰랐던 것이다.

유대교 예수파와 그 뒤

이상과 같은 이해로부터, 필자는 2년 전부터 기원 70년 이전의 나사렛 예수에 기원을 둔 운동을 '유대교 예수파' 운동이라고 불러왔다. 이 책에서도 그에 따를 것이다. 그런 이유로 일반적인 '원시 그리스도교'라는 표현은 쓰지 않을 것이다. 따라서 이하의 내용에서는 로마 제국과 유대교 전반의 상황에 유의하면서, 먼저 '유대교 예수파'의 모습을 서술하고, 나아가 이 운동이 '그리스도교'로서 성립하고, 계속해서 그것이 독립된 종교로서의 자각이 깊어지고 강고히 하려고 격투하는 시기까지를 간략히 서술하게 될 것이다.

또한, 각 장마다 '로마 제국' 내지는 '팔레스티나/유대교'의 항목만을 읽으면 그것만으로도 각각의 역사에 대한 간략한 통사가 될 수 있게 배려했다. 따라서 양쪽 모두 '유대교 예수파'/'그리스도교'의 항목 내용과 반드시 각각 호응하는 것은 아니다. 또한 각각의 자료에 대해 상세히 언급하지는 않지만, 〈신약성서〉와 역사가 요세푸스의 작품에 관해서만은 다소 상세하게 출전 대목을 표시했다.

초기 그리스도교사 약도

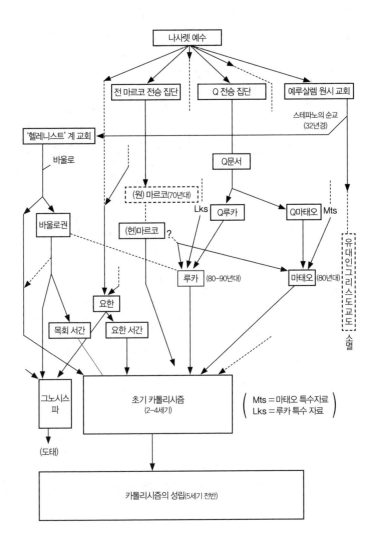

나사렛 예수

전 마르코 전승 집단　　Q 전승 집단　　예루살렘 원시 교회

스테파노의 순교
(32년경)

'헬레니스트' 계 교회

바울로

(원) 마르코(70년대)

Q문서

Lks　　Q루카　　Q마태오　Mts

바울로권

(현)마르코　?

루카 (80~90년대)　　마태오 (80년대)

요한

목회 서간　　요한 서간

유대인그리스도교도 소멸

그노시스
파

초기 카톨리시즘
(2~4세기)

$\left(\begin{array}{l} \text{Mts} = \text{마태오 특수자료} \\ \text{Lks} = \text{루카 특수 자료} \end{array} \right)$

(도태)

카톨리시즘의 성립(5세기 전반)

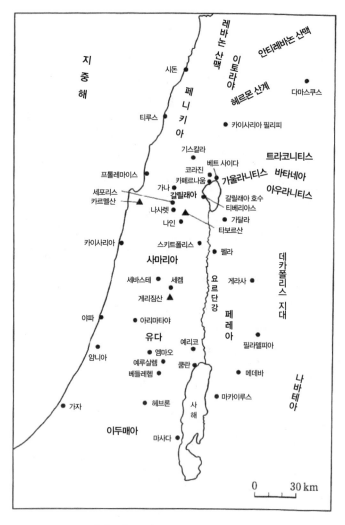

[지도1] 기원 1세기 무렵의 팔레스티나

성서 시대사 신약

제1장 | 나사렛 예수의 삶과 죽음
(기원전 30년경 – 기원 후 30년경)

'유대교 예수파' 운동은, 당연한 얘기지만 나사렛 예수부터 시작된다('나사렛 예수'란 갈릴래아 지방의 나사렛 마을 출신의 예수라는 의미지만, 신앙의 대상인 '예수 그리스도'와 구별해서, 역사상의 인물 예수라는 의미가 담겨 있다). 그러나 예수의 등장 자체가 이미 존재했던 오랜 전통의 정점이다. 따라서 예수 현상을 충분히 묘사하기 위해서는, 그때까지의 이스라엘 정신사, 무엇보다도 그 카리스마적, 예언자적 전통을 자세히 설명하지 않으면 안 된다. 하지만 그것은 이 책의 서술 범위를 훨씬 넘어서는 테마이고, 이 책의 자매편인 야마가 테츠오의 『성서시대사 구약편』을 보는 것이 최선이라고 생각된다.

이 책에서는 나사렛 예수의 등장 30년 전부터 기술해 나가는 것으로 만족하겠다. 즉 예수와 그 이후 사람들의 활동의 대

전제인 로마 제국의 성립과 그 지배하의 팔레스티나를 개관하
는 것에서부터 시작한다.

제1절 **예수의 운동을 둘러싼 세계**

1. 로마 제국의 성립

로마의 평화

기원전 31년의 악티움 해전에서 안토니우스와 이집트 여왕 클레오파트라를 패주시킨 로마의 옥타비아누스는 이 승리에 의해 정적 일체를 궤멸시켰다. 그러나 주도면밀한 정치가인 그는 양부養父였던 율리우스 카이사르의 전철을 밟지 않았다. 카이사르는 공화적인 로마인들 대부분이 알레르기 반응을 보이며 기피했던 칭호인 '왕'을 바랐기 때문에, 기원전 44년 흉한들의 칼에 쓰러졌다. 분명히 옥타비아누스는 이른바 '제정帝政'을 열었다고 평가되지만, '황제imperator'라는 절대자의 자리를 왕위 대신에 만들어 그것을 스스로에게 부여한 것은 아니다.

그는 표면상으로는 공화정으로 돌아갔지만, 그것의 내용을 환골탈태시켜 실질적인 제정을 확립한 것이다. 따라서 옥타비아누스는 표면상으로는 다음과 같이 주장할 수 있었다.

> 나는 권위에 있어서는 만인보다 우월한 면이 있어도, 권력에 관해서는 나와 함께 공직에 있는 동료들보다 탁월한 그 어떤 것도 갖고 있지 않다.(『신성한 황제 아우구스투스 업적록』)

옥타비아누스는 로마로 개선한 이듬해인 기원전 29년, 우선 원로원으로부터 '원수princeps'라는 칭호를 부여받았다. 이것은 원로원 의원들 가운데 첫째 가는 존재, 로마 시민으로서 제일인자라는 의미이다. 나아가 옥타비아누스는 기원전 27년에 내란시의 비상대권을 원로원에 반환하고 공화정을 부흥시키겠다는 의지를 표시했다. 이 공화정으로의 복귀를 칭송해 기원전 27년, 옥타비아누스에게 원로원으로부터 부여된 칭호가 '아우구스투스Augustus(장엄한 자)'였다. 그러나 그에 대한 사람들의 신망은 더 한층 높아졌고, 같은 해에 원로원은 그에게 모든 속주屬州의 절반에 대한 관할권을 맡겼다. 즉 관할을 맡은 속주의 총독으로서의 '프로콘술 명령권'이 부여된 것이었다(남은 절반의 속주는 원로원이 관할하는 속주가 되었다). 이 아우구스투스의 프로콘술 명령권은 기원전 23년 이후 한층 더 강화되었고, 영속화되었다. 결국 아우구스투스는 원로원 관할 속

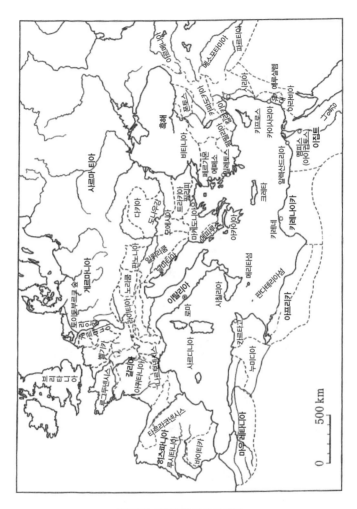

[지도2] 기원 전후의 로마 제국

주의 총독도 거느리게 되었고, 또한 전 군대에 대한 실질적인 지휘권을 수중에 넣었다.

또한 같은 해에 그는 '호민관 직권'도 부여받음으로써, 로마 시민 공동체 내부에서 절대적인 권력을 획득했다. 나아가 기원전 19년, 전 이탈리아를 장악하는 '콘술 명령권'도 얻어, 이로써 명목상으로는 공화정, 실질적으로는 아우구스투스의 제정이라는 신체제를 확립했다. 그러한 분위기를 이어받아 기원전 17년에는 로마에서 '세기의 제전'이 개최되었고, 호라티우스가 지은 〈세기의 노래〉가 팔라티누스 언덕 위에 새로 지어진 아폴로 신전 앞에서, 청년 합창대에 의해 불려졌다. '아우구스투스의 평화Pax Augusta'라는 세계 평화의 선언이었다. 이것은 또한 기원전 19년에 죽은 베르길리우스가 그의 저작, 특히 미완의 대서사시 『아이네이스』에서 노래한 일종의 '종말론'적이라고도 말할 수 있는 로마의 영광의 현현顯現이기도 했다.

　　여기에 있는 장부丈夫 바로 그 사람이야말로, 그 출현의 약속을

　　네가 항상 귀에 들었던, 저 아우구스투스 카이사르이다.

　　신으로 불리기에 합당한 율리우스의, 후계자인 그는 먼 옛날,

　　사투르누스가 통치했던, 땅 라티눔에 황금의

　　시대를 다시 건설하고……

그 뒤 아우구스투스는 기원전 12년 최고 제사장Pontifex Maximus이 되었고, 기원전 2년에는 '조국의 아버지Pater Patriae'라는 명예 칭호가 부여되어, 부동의 절대 지배자가 되었다. 아우구스투스는 자신을 즐겨 '프린케프스'라고 불렀기 때문에 그의 이러한 실질적인 황제 지배 체제를 '프린키파투스Principatus(원수정)'라고 부르고 있다. 또한 앞서 나왔던 황제imperator(문자적인 의미는 '최고사령관')라는 칭호는, 원래는 개선장군이나 지휘관을 휘하의 병사들이 환호하던 명예 칭호로 그것이 원수에게도 적용되었다. 다만 이 말이 일반적인 의미에서의 '황제'로서, 원수의 별도의 호칭이 된 것은 황제 베스파시아누스(재위 69-79) 이후이다.

아우구스투스는 정치가로서는 분명히 뛰어났지만 군인으로서는 이류였다. 그러나 그에게는 다행히도 마르쿠스 아그리파라고 하는 극도로 유능한 군인이 젊었을 때부터 그를 측근에서 모시고 있었다. 아그리파는 뒤에 나오듯이, 유대의 헤로데 대왕의 친구이기도 했는데, 헤로데의 세력 안정에 적지 않은 도움을 준 인물이다. 이 아그리파는 기원전 23년 제국 동부의 공동 지배자 및 시리아 총독이 되었다. 또한 그는 기원전 21년, 아우구스투스의 유일한 자식으로 나중에 부정不貞으로 악명 높았던 율리아와 결혼했지만, 그녀의 행실이 그다지 눈에 두드러지지 않았던 기원전 12년에 죽었다. 그 밖에 아우구스투스의 군사면에서의 조력자로 티베리우스와 드루수스가 있다. 티베리우스는 기원전 13년에 콘술, 그리고 나중에는 원수에까지 오르는데, 원래 아우구스투스의 세 번째(또한 가장 사랑했던) 아내 리비아가 전 남편 사이에서 얻은 두 자식 중에 장남이었고, 그 동생이 드루수스이다.

티베리우스는 군인으로서는 우수했지만, 그 밖의 면에서는 뜻대로 되지 않아 음침한 인간 혐오자가 되어갔다. 그는 앞에서 언급한 아그리파가 죽자, 기원전 11년 아우구스투스의 명령으로 그때까지의 아내와 억지로 이혼하고 아그리파의 미망인인 아우구스투스의 딸 율리아와 결혼해야 했다. 그러나 아우구스투스는 이미 율리아와 아그리파 사이의 두 아들을 양자로 들여놓고 있었기 때문에 티베리우스의 역할은 단순한 결함 보충재에 지나지 않았다. 이에 더해 이 무렵부터 율리아의 남성 편력이 심해지게 되었고, 환멸을 느낀 티베리우스는 기원전 6년 결국 로도스 섬에 들어가 거기에 틀어박혔다.

한편 율리아는 남편이 없어지자 더 한층 날개를 펼치고 남자들과의 잠자리에 열중했다. 그러나 기원전 2년, 마르쿠스 안토니우스의 차남 유르스 아우구스투스와의 정교情交는 모른 체하고 있던 아우구스투스의 신경도 크게 거슬리게 했다. 아우구스투스는 이미 기원전 19년에 풍기風紀의 숙정肅正을 목표로 해 간음 방지법이나 혼인법을 제정해 놓았다. 분노한 아우구스투스는 율리아를 나폴리 근처의 판다테리아 섬으로 유배를 보내 버렸다.

이러한 풍조에 더해, '빵과 구경거리'를 찾아 로마로 모인 군중의 모습은 '팍스 아우구스타'의 이면의 현실로서 특필해 놓지 않을 수 없다. 인구가 백만이라고 하던 소비 도시 로마는, 그중 노예가 40퍼센트, 남은 60퍼센트의 3분의 1에서 2분의 1이 식량의 무료 배급으로 몰려든 무산 계급의 군중이었다. 그리고 그들은 검투사의 싸움이나 야수와의 싸움 등에 흥분한 상태로 하루하루를 보내고 있었다.

예전에는 권력이나 권세나 군사 등의 일에 힘을 쏟던 자들이 이제는 줄어들고 단지 두 가지에 대해서만 떨쳐 일어나게 되었다. 빵과 오락거리panem et circenses이다.(유베날리스, 『풍자』 제10편 78-81행)

이러한 식량과 오락물의 제공자는 유력 시민이나 원로원 의원이나 황제였다. 아우구스투스도 기원전 22년 등의 식량 사정 악화로 인해 사회 불안이 우려되자 스스로 거액의 비용을 개인적으로 쏟아부어 민중에게 식량을 나눠줬다. 또한 집권기 내내 일관해서 검투사의 투기나 맹수와의 격투를 개최해 민심을 끌어들이려 했던 것도 아우구스투스 스스로가 증언하는 바와 같다.

내가 개최했던 검투사 흥행은 나의 이름으로 세 번, 내 자식 및 손자의 이름으로 다섯 번에 이르고, 이들 경기에서 약 1만 명이 싸웠다…… 아프리카의 맹수와의 격투기를, 나의 이름, 나의 자식 및 손자의 이름으로, 원형 경기장, 광장, 혹은 원형 투기장에서 국민을 위해 나는 26번 개최했고, 이때 약 3,500마리의 맹수가 희생되었다……(『신성한 황제 아우구스투스 업적록』 22절)

그리고 이러한 식량과 오락물에 필요한 경제적 기반은 이제부터 서술할 유대 등의 '원수 직할 속주'로부터의 수입으로 충당되었다는 것도 잊어서는 안 된다.

기원후 4년까지 아우구스투스의 손자 루키우스와 가이우스가 둘 다 병으로 죽고, 결국 티베리우스가 아우구스투스의 양자로 입적되었다. 그러나 티베리우스는 동시에 아우구스투스의 먼 혈연에 해당하는 조카인 게르마니쿠스를 양자로 들일 것을 강요받았다. 그 게르마니쿠스는 이듬해인 기원후 5년, 아우구스투스의 외동딸 율리아와 M. 아그리파 사이에서 태어난 대大아그리피나와 결혼한다. 티베리우스를 중간 주자로 놓고서 자신의 혈족에 의해 제위를 확보하려 한 아우구스투스의 의도는 명백하다. 그런 가운데 기원후 14년 8월, 아우구스투스는 캄파니아의 놀라에서 병으로 사망하고(76세), 한 달 뒤 티베리우스가 정식으로 제위를 잇게 되었다(56세).

아우구스투스의 치세 동안은 대외적인 긴장이 계속해서 이어졌다. 먼저 동쪽은 고대 페르시아 땅을 지배하는 파르티아 제국과의 전투가 간헐적으로 이어졌다. 기원후 6년에는 판노니아(도나우 강 중류, 현재의 헝가리 분지 주변)와 달마티아(아드리아해 동안, 판노니아 남쪽)에서 반란이 일어났지만 각각 기원후 9년까지는 진압되었다. 문제가 보다 복잡한 것은 북쪽의 게르만인과의 전투였다. 이미 기원후 4년에 티베리우스가 게르마니아에 원정을 가, 두세 차례 부족을 평정하고, 멀리 현재의 베서 강(중부 독일에서 북해를 향해 흐르는 강)까지 진출했다.

그러나 결정적인 타격은 기원후 9년에 찾아왔다. 그해 가을, 현재 독일의 북서부 산악 지역인 토이토부르크 전투에서 당한 대패배이다. 이전의 시리아 총독 P. Q. 바루스는 기원후 7년 이래 게르마니아 지방의 사령관이었는데, 그는 자신의 지위를 이용해 사복을 채우는 데만 전념해 결국 반란이 일어났다. 이것을 진압하기 위해 바루스는 총 2만에 달하는 로마의 세 개 군단을 이끌고 전투에 임했지만, 토이토부르크 산지에서 케루스키 족의 수장 아르미니우스에 의해 철저하게 괴멸당했다. 결국 이 전투에 의해 게르만인은 로마로부터 상대적인 독립을 확보하게 되었다. 이 사건은 훗날 게르만인의 대이동에 의해 로마 제국이 분단되어가는 먼 복선伏線으로 간주할 수 있다.

20-23년 무렵부터는 친위대Praetorian Guard 사령관 세이아누스가 실력자로 떠오른다. 로마를 곧잘 비우던 티베리우스를 대신해, 세이아누스가 정치의 실권을 장악하기 시작한 것이다. 23년에는 티베리우스의 자식인 소小드루수스가 괴이한 죽음

을 당했다(나중에 알려진 것이지만, 이것은 은밀히 제위를 노린 세이아누스가 암살한 것이다). 이에 더해 궁정 안의 여자들의 권력 항쟁에 진절머리가 난 티베리우스는 26년에는 로마를 떠나 이듬해에는 카프리 섬에 은거해 버렸고 정치는 전부 세이아누스한테 맡겼다. 28년 티베리우스의 어머니인 율리아가 86세로 죽자, 세이아누스의 폭거는 정점에 달했다. 그는 29년, 제위를 차지하는 데 방해가 되는 대아그리피나와 그녀의 자식을 배제하기 위해, 대아그리피나와 그의 장남을 이탈리아에서 추방하고, 차남을 투옥하기에 이르렀다.

또한 이 세이아누스의 하수인 중 한 명이 26년 이후 유대의 총독이 되고, 예수를 처형하는 폰티우스 필라투스이다.

2. 팔레스티나에서의 헤로데 가문의 지배

팔레스티나는 마카베오 전쟁(기원전 167-164) 이래, 마카베오 가문 내지는 하스몬 왕조의 지도, 지배하에 있었는데, 이 체제가 약체화하는 가운데, 기원전 63년 폼페이우스의 침공으로 로마에 항복했다. 그 뒤, 이 로마 권력의 곁에서 자신의 지배를 확립한 것이, 나중에 '대왕'이라고 칭해지기까지에 이른 헤로데Herodes이다.

로마의 후원을 받은 헤로데

헤로데는 그의 아버지 안티파트로스가 유대 남부 지대의 이두매아인(성서에서 말하는 에돔인, 기원전 129년경 유대화되었다), 그의 어머니인 퀴프로스가 팔레스티나 남쪽 지대의 나바티아인(성서에서 말하는 아라비아인)이었지만, 기원전 47년, 아버지가 유대의 총독이 된 것을 계기로 갈릴래아 지사로 임명되었다. 그 뒤에도 헤로데는 순조롭게 상승 기류를 타 기원전 40년에는 로마로부터 유대의 '왕'으로서 인정받기에 이르렀다.

그는 이 무렵 안토니우스의 신하였지만 안토니우스가 악티움 해전에서 옥타비아누스에게 패하자마자, 간발의 차이로 기원전 30년 봄 일부러 소아시아의 섬까지 찾아가서 옥타비아누스한테 충성을 맹세했다(요세푸스『유대 전기戰記』1:387-397, 요세푸스『유대 고대지古代誌』15:183-198). 옥타비아누스는 헤로데가 팔레스티나 지배의 유용한 도구가 될 거라고 판단한 듯, 헤로데의 지배에 안도했다.

헤로데는 다시, 기원전 30년 가을, 이집트가 로마령이 되었을 때, 이집트로 다시 옥타비아누스를 방문해 가달라나 사마리아 등의 도시들을 받았다. 또한 기원전 23년에는 북 트랜스 요르단의 트라코니티스, 바타네아, 아우라니티스 등의 지방을 손에 넣었다. 나아가 기원전 20년에는 요르단 강 수원 부근의 제 지역을 병합하는 허가도 아우구스투스(예전의 옥타비아누스)로부터 얻었다(『유대 전기』1:398,『유대 고대지』15:213-217, 342 이하, 360). 이렇게 해서 아우구스투스 체제의 지원을 얻고서 헤로데는 자신의 영지도 단계적으로 확장해 나갈 수 있었다.

M. 아그리파의 비호

헤로데가 유대의 지배권을 확립할 때, 그가 아우구스투스의 복심인 M. 아그리파와 친구였다는 사실이 크게 기여했다(『유대 전기』 1:400). 헤로데는 먼저 기원전 22년, 레스보스 섬에 머물던 M. 아그리파를 방문해 깊은 친교를 맺었다. 기원전 16년에 아그리파가 시리아에 오자 헤로데는 다시 그를 방문해 열심히 유대로 초대했다. 그 보람이 있어 아그리파는 기원전 15년 헤로데가 있는 예루살렘을 방문했다. 나아가 헤로데는 기원전 14년에 다시 동방에 온 아그리파와 동행해, 소아시아를 방문했다(『유대 고대지』 15:16 이하). 이 헤로데와 아그리파의 우호 관계는 유대인 전체에도 긍정적으로 작용했다. 팔레스티나 땅 이외에 있는, 이른바 디아스포라(이산이라는 의미) 유대인의 중요한 권리 문제의 결정을 맡기자, 아그리파는 유대인에게 유리한 판단을 내렸다(『유대 고대지』 16:60). 마찬가지로 아우구스투스 황제도 유대인에 대해서는 호의적이었고, 그들이 신전에 금전(즉 신전세)을 보낼 권리가 있다는 것을 확인하고 보전保全해 주었다(『유대 고대지』 16:162 이하). 이것은 기원후 40년의 가이우스(칼리굴라) 황제 시대까지 계속되었다.

헤로데의 헬레니즘과 로마 지향

헤로데의 로마 지향은 자신의 자식들(알렉산드로스, 아리스토불로스, 아르켈라오스, 헤로데 안티파스)을 기원전 23-7년 무렵에 걸쳐 로마로 유학을 보낸 사실에서도 나타난다(『유대 고대지』 15:342-343, 17:20). 기원전 18년에는 자신도 두 아들과 황제를 방문하러 로마로 갔다.

헤로데는 또한 자식들의 교육뿐 아니라, 행정이나 군대의 책임도, 그리스인이나 헬레니즘적 배경을 가진 인물에게 맡겼다. 그의 궁정에는 헬레니즘적 저작가, 음악가, 배우, 경기자들로 흥청거렸다. 그중에서도 특히 유명한 것은, 헤로데의 심복인 다마스쿠스의 니콜라오스일 것이다. 니콜라오스는 원래 안토니우스와 클레오파트라의 신하였는데, 그들이 멸망한 뒤 예루살렘에 와서 헤로데를 섬기면서(『유대 고대지』 16:183-186, 17:99), 자신의 저술 활동도 계속했다. 그가 기원전 23-21년 사이에 쓴 『아우구스투스 전기』는 그 일부가 현재까지도 전해지고 있다.

헤로데의 건축 활동

헤로데는 또한 그 광범위한 대규모의 건축 활동으로도 이름을 남겼다. 먼저 기원전 27년에 원수 옥타비아누스가 '아우구스투스'란 칭호를 받은 것을 기념하여 사마리아를 '세바스테'(아우구스투스의 그리스어 형 '세바스토스'에 근거)라고 개명하여 요새로서 재건하고, 그 안에 아우구스투스 신전을 건립했다. 헤로데는 또 그곳에 퇴역 군인을 포함한 6천 명을 식민하고(단 유대인은 소수), 광대한 토지를 나누어 주었다(『유대 전기』 1:304, 『유대 고대지』 15:292-298).

그 밖에 예루살렘 동남쪽에는 자신의 이름을 딴 요새 도시 헤로디온을 지었다(『유대 전기』 1:419-422, 『유대 고대지』 15:323-325). 또한 가족을 기념하여 예리코 협곡에 형인 파사엘로스의 이름을 딴 파사엘리스 마을을, 예리코 가까이에는 어머니의 이름과 같은 퀴프로스 요새를 건설했고, 또한 유대 북서부의 사마리아 국경을 따라 있는 아페크를 아버지 안티파트로스의 이름을 따 안티파트리스라고 명명해 다시 건설했다(『유대 전기』 1:417-418, 『유대 고대지』 16:143-145).

궁전 건설에서는 우선 기원전 24년에 예루살렘 위쪽에 두 개의 장려한 건물로 이루어진 궁전을 세우고, 자신의 후원자의 이름을 따 하나는 '카이사레이온', 다른 하나는 '아그리페이온'이라고 이름 붙였다(『유대 전기』 1:402, 『유대 고대지』 15:318). 그 밖에 예리코에 멋진 영빈관을 지었고, 또한 아슈켈론, 베트 하라마타(구약 베트 하람, 사해 북단으로부터 북동쪽으로 약 10킬로미터에 위치)에도 궁전을 건설했다. 무엇보다 중요한 건설 작업으로, 지중해를 바라보는 '스트라톤 탑'을 개축해서 해변의 카이사리아(카이사르 아우구스투스의 이름에서 따옴. 〈사도행전〉 8:40, 10:1, 21:8 등)로 만든 것이 그것이다. 이것은 기원전 22년에 공사가 개시되어, 12년에 걸쳐 팔레스티나 연안 최대의 항구 도시로서 완성되었다(『유대 전기』 1:408-415, 『유대 고대지』 14:76, 15:331-341, 16:331-341).

그리고 마지막으로 예루살렘 신전의 대규모 개축이 있다(『유대 전기』 1:401, 『유대 고대지』 15:380-425). 이 개축 공사는 기원전 20년에 시작되었는데, 헤로데 생전에는 완공을 못하고, 그보다 훨씬 뒤인 기원후 64년, 그러니까 유대 전쟁 직전에 겨우 완성되었다. 이 신전은 헤로데의 명예욕을 유감없이 보여주는 것으로, '헤로데의 신전을 아직 보지 못한 자는 화려한 것을 보았다 할 수 없다'는 속담이 되었을 정도로 웅장함과 화려함을 자랑했지만(〈마르코〉 13:1), 얄궂게도 완성 후 6년도 채 되지 않아 유대 전쟁 최종 국면에서 불타고 말았다. 헤로데는 이 신전 이외에도 예루살렘 위쪽에 히피코스, 파사엘로스, 마리암네라는 각각 헤로데의 친구, 형, 그리고 가장 사랑한 아내의 이름을 딴 웅대한 탑을 건설했고(『유대 전기』 2:439, 5:161 이하), 신전 북측에 인접한 안토니아 요새의 방위 공사를 하고 극장 등 여러 시설을 건설했다.

헤로데의 지배 정책

헤로데의 민중 지배 정책은 회유와 압제가 혼합된 것이었다. 회유책을 들자면 헤로데는 앞에서 서술한 대로 예루살렘과 그 신전을 유대인을 위해 재건했다. 기원전 25년의 대기근

때는 사비를 털어 대량의 곡물을 이집트로부터 사들여 팔레스티나로 수입했다. 기원전 20년경에는 세금도 3분의 1 정도 경감하는 대책을 내놓았다(『유대 고대지』 15:307, 365). 팔레스티나 이외의 여러 도시에도 다양한 기부나 인기 영합적인 시책을 펼쳤다. 또한 유대인이 있는 곳에서는 고의로 그들을 도발하는 행위는 극력 자제했다. 그러나 세바스테나 카이사리아 등, 헬레니즘적인 도시를 다수 건설한 것은, 그 안에서 이교적 생활이 공공연해지는 것을 의미했기 때문에, 결국 경건한 유대인들의 반감을 사지 않을 수 없었다. 수도 예루살렘의 헬레니즘화도 마찬가지로 반감을 불러왔다(『유대 고대지』 15:267-279, 17:149-167 『유대 전기』 1:648-655).

게다가 황제나 그 측근의 로마 실력자들에 대한 영합책은 결국 유대인의 관습을 가벼이 여기는 셈이 되어 민심을 거스르는 것으로 귀결됐다. 원래 헤로데에게는 로마 황제의 이데올로기에 스스로를 적합하게 만들어, 그것을 본떠서 자신의 위광을 빛나게 하려는 충동이 있었는데, 이것은 유대인들로서는 실로 타기해야 할 이방인 지배 앞잡이의 행동에 지나지 않았다. 트랜스 요르단에서는 헤로데가 자신에 대한 예배를 강요했다고 하는 보고조차 있다. 그러나 헤로데의 비판자나 정적은 밀고 조직과 비밀경찰에 의해 잔혹하고 철저하게 탄압되었다(『유대 고대지』 15:366-369). 이른바 '난입 강도' 규제법은 왕과 그 추종자에 대한 테러 활동을 봉쇄하기 위한 것이었다. 이것은 유대인 수형자를 이방인에게 팔아넘기는 내용이었고, 종래 율법의 전통을 무시하는 것이었기 때문에 유대인의 증오심을 한층 더 부채질했다(『유대 고대지』 16:1-5).

기원전 25년 무렵에는 헤로데 암살 계획이 세워졌으나 실행 직전에 발각되어 일망타진되었다(『유대 고대지』 15:280-292). 또한 이러한 테러도 포함한 저항 운동이 태동하고 있었다는 것은, 나중이 되어 무대의 중앙으로 나오는 저항 운동의 맹아가 이 무렵 이미 싹트고 있었음을 보여준다. 또한 헤로데 지배 시기에 묵시 사상 운동이 한층 일반화되었다는 것을 생각하면, 신을 열심히 섬기는 유대인의 눈에는, 원래 이두매아인의 자식인 헤로데는 '반半 유대인'(『유대 고대지』 14:403)에 지나지 않았고, 바로 종말 직전에 도래할 묵시적 억압자 그 자체로 비쳤다는 것도 생각할 수 있다. 실제로 기원 전후에 성립한 어느 묵시 문서의 본문은 그것을 입증하고 있다.

그들[=하스몬 가문의 왕들]의 발자취를 후안무치한 왕[=헤로데]이 이어가리라. 그는 사제 가문 출신이 아니고, 무모하고 비열한 인간이다…… 그는 노인과 젊은이를 죽이고, 아쉬워하지 않는다. 그때 그들의 땅에서는 그에 대한 두려움이, 그들 속에 가열해지리라.(〈모세의 유훈〉 6:2 이하)

가정 내의 참극

이에 더해 유대인들에게 헤로데의 통치를 역겹게 한 것
이 그의 가족 내에서 벌어진 숙청극이었다. 헤로데는 기원전
37년에 하스몬 가문 출신의 마리암네 1세와 결혼해 자신의 출
신 성분의 약점을 보강한 것처럼 보였지만 그 2년 후에 벌써
이러한 의도는 균열을 드러내기 시작했다. 헤로데는 스스로 자
신을 대사제로 임명했다. 처남인 16세의 아리스토불로스 3세
에 인망이 모이는 것을 두려워하여, 연못에서 수영하던 그를
익사시켰다(『유대 전기』 1:347, 『유대 고대지』 15:51-56). 그리고
기원전 30년 봄에는 옥타비아누스를 만나러 가기 직전에, 아
내의 할아버지인 전 대사제 히르카노스 2세를 암살케 했다(『유
대 전기』 1:433-434, 『유대 고대지』 15:164-182). 이것은 아내와의
결정적인 불화로 발전했다.

이에 더해 주위의 참언에 마음이 불안해진 왕은 질투에 사
로잡혀 기원전 29년 결국 마리암네 1세를 처형해버렸다(『유대
전기』 1:435-444, 『유대 고대지』 15:218-239)). 이듬해인 28년경
에는 다시 마리암네의 어머니 알렉산드라도 살해했다. 하스몬
가문 재흥에 대한 공포심은 이윽고, 자신과 마리암네 1세 사이
의 아들인 알렉산드로스와 아르스토불로스도 반역 혐의를 씌
워 사마리아에서 교수형에 처하기에 이르렀다(기원전 7년, 『유
대 전기』 1:551, 『유대 고대지』 16:394).

그는 항상 공포에 사로잡혀, 어떠한 혐의의 씨앗에도 격앙해, 한 명의 죄인이라도 놓치는 것을 두려워한 나머지, 아무 죄도 없는 수많은 사람들을 고문대로 내몰았다(『유대 전기』 1:591).

시의심에 사로잡힌 헤로데는 기원전 4년 음침한 병상에 누워 있는 몸이었음에도 불구하고 자식인 안티파트로스도 처형했다(『유대 전기』 1:664 『유대 고대지』 17:187). 헤로데 자신이 죽은 것은 그로부터 불과 5일 뒤였다. 향년 70세였다.

헤로데 사후의 반란

헤로데가 죽자, 국내에서는 그때까지의 압정에 대한 불만이 폭발해 반란이 발발했다. 예루살렘의 폭동은 헤로데의 아들 아르켈라오스가 대량 살육을 통해 진압했다(『유대 전기』 11:10-13, 『유대 고대지』 17:213-217). 그러나 사태는 그 정도에서 끝나지 않고, 반란은 유대 전체로 퍼져 나갔다. '히즈키야의 아들 유다'는 갈릴래아의 수도 세포리스의 왕궁을 습격해 왕의 무기고 등을 약탈했다. 히즈키야란 기원전 47/46년 헤로데에 의해 처형된 반란의 지도자였고(『유대 전기』 1:204 『유대 고대지』 14:159, 167), 그 아들이란 그로부터 10년 뒤 '갈릴래아의 유다'로 등장하는, 반란 무리의 조직자 유다와 동일 인물일 것이다.

또한 그 밖에도 헤로데의 노예 시몬, 양치기 아스론게스 등이 메시아적 왕을 참칭하고서 활개를 치고 다녔다(『유대 전기』

2:57 이하, 『유대 고대지』17:273 이하). 이것은 시리아 총독 P. Q. 바루스가 무력으로 개입해 대규모 살육이 몇 차례 거듭된 뒤 가까스로 진압된 사건이었다.

헤로데 대왕 이후의 팔레스티나

헤로데 자신의 유언에 의하면, 그의 왕국은 아들인 아르켈라오스(〈마태오〉 2:22), 헤로데 안티파스(〈마르코〉 6:14 등의 '헤로데 (왕)'), 필리포스(〈루카〉 3:1) 세 사람에게 분할되어야 했다. 즉 아르켈라오스는 왕으로서 지상권至上權이, 헤로데 안티파스와 필리포스는 '사분령 통치자tetrarches(영토의 4분의 1을 통치하는 자라는 의미)로서 각각 갈릴래아와 페레아 및 북 트랜스 요르단(가울라니티스, 바타네아, 트라코니티스, 아우라니티스)의 영토가 할당되었다.

아우구스투스는 헤로데 안티파스와 필리포스에 관해서는 헤로데의 유언을 인정했지만, 아르켈라오스에 관해서는 '왕'이라는 칭호를 허락하지 않고 그를 단순히 '민족 통치자ethnarches'로서 유대와 사마리아의 지배자로 인정했다(『유대 전기』 1:668, 2:93-97『유대 고대지』 17:188-89, 317-20).

헤로데의 아들 필리포스의 지배

헤로데 대왕의 사후, 그 영지는 이렇게 해서 세 명의 자식들에게 나누어졌지만, 그중에서 북 트랜스 요르단을 물려받은 필리포스가 가장 평온한 생애를 보냈다. 그는 기원전 2-1년에 도시 파네아스를 카이사리아 필리피(〈마르코〉 8:27 등 참조)라고 이름 붙여 재건했고, 또한 갈릴래아 호수 근처의 베트사이다를 아우구스투스의 딸 율리아의 이름을 따 율리아스라는 도시로 만들었다(『유대 전기』 2:168,『유대 고대지』 18:28). 또한 헤로데 안티파스의 아내 헤로디아의 딸로, 세례자 요한의 목을 청했다고 하는 살로메와 나중에 결혼했는데, 자식은 없었고 기원후 34년에 율리아스에서 평온한 죽음을 맞이했다(『유대 고대지』 18:106, 108, 137). 그의 지배는 관용적인 것이었다고 전해진다.

헤로데의 아들 안티파스의 지배

갈릴래아와 페레아의 영주인 헤로데 안티파스는 이에 비해 온갖 물의를 일으킨 인물이다. 그도 도시 세포리스를 재건하고 동 요르단의 베트하라마타를 율리아스(아우구스투스의 아내 율리아 리비아의 이름을 딴 것으로 필리포스의 율리아스와는 별개)로 개명해 새롭게 단장하는 등 아버지의 도시 건설에 대한 취향을 계승했다(『유대 전기』 2:168,『유대 고대지』 18:27). 또한 26-27년에는, 아마도 영지 지배의 경제적 효율을 고려하여, 세포리스를 대신해 새로운 도시를 갈릴래아 호수 서안에 완성시켜, 황제 티베리우스의 이름을 따 티베리아스라고 명명하고, 사람들의 가옥까지 할당해 이주시켰다(『유대 전기』 2:168 『유대 고대지』18:36-38).

그러나 그는 아버지로부터 강한 색욕까지 물려받은 듯, 배다른 동생인 헤로데 보에토스의 아내(〈마르코〉 6:17의 '필리포스의 아내'는 복음서 기자의 오류) 헤로디아에게 연정을 품고서, 그 때문에 자신의 아내와 이혼하고, 헤로디아를 빼앗았다(28년경, 『유대 고대지』 18:109 이하). 그러나 이혼당한 상대 여성은 이웃나라 나바테아(사해 동쪽과 남쪽을 차지했던 나라)의 왕 아레타스 4세의 딸이었고, 그 때문에 모욕을 받은 아레타스 왕은 이윽고 헤로데 안티파스한테 선전포고를 했다. 원래 헤로데 안티파스와 아레타스 간에는 늘 국경 문제에 관한 분쟁이 끊이지 않았고, 이때의 전쟁 상태도 이러한 측면의 긴장이 높아졌던 것으로 보인다. 이 전쟁은 36년경 헤로데 안티파스가 비참한 패배를 맛보면서 종결되었다(『유대 고대지』 18:113-114).

아르켈라오스 지배의 파탄

헤로데의 세 아들 중 운명이 가장 급전한 것은 가장 연장자인 아르켈라오스였다. 그는 부친의 잔혹성은 이어받았지만, 그 정치적 수완은 이어받지 못했다. 아르켈라오스는 예전에 자신이 영지를 할당받았을 때 반란을 일으킨 유대와 사마리아 주민에게 깊은 원한을 품고서 그들을 학대했다. 대사제도 자의적으로 경질했다. 아르켈라오스의 폭정을 견딜 수 없게 된 유대인과 사마리아인은 결국 대표자를 황제 아우구스투스한테 파견해 자신들의 어려운 처지를 호소했다. 화가 난 아우구스투스는 아르켈라오스를 로마로 불러들여 파면하고 갈리아로 추방해버렸다(『유대 고대지』 17:342-344). 이렇게 해서 기원 6년, 유대와 사마리아는 로마의 속주로 편입되었다. 게다가 속주 시리아의 위성 주로 지위가 격하되었다(『유대 전기』 2:117, 『유대 고대지』 18:2).

군사, 사법의 통솔자로서, 로마에서 기사 신분의 총독이 장관praefectus의 칭호를 가지고 파견되었다. 통치의 중심은 헤로데가 지었던 해변의 카이사리아로 옮겨지고, 여기에 다섯 개의 연대cohors로 구성된 보조부대auxilia가 총독의 감독 하에 배치되었다. 다만 실제로 카이사리아에 주둔한 것은 네 개 연대였고, 남은 한 개의 연대는 수도 예루살렘에 상주했다. 이 보조부대는 대부분 세바스테와 카이사리아의 이방인 주민으로 구성되어 있었다(『유대 고대지』 20:176, 『유대 전기』 2:268). 초대 총독은 코포니우스(재직 기원후 6-9년)였다.

로마의 징세와 그에 대한 저항

또한 같은 해에 시리아 총독인 P. S. 퀴리니우스가 유대에 왔다. 아르켈라오스의 자산을 처분하고, 또한 유대인의 부에 직접세를 징수하기 위한 조사 차원이었다(『유대 고대지』 17:355, 18:2, 26). 이 켄수스(호구 조사)가 아마도 〈루카 복음서〉 2장 1-2절에 보이는 '퀴리니우스의 호적 등록'이었을 것이다.

로마의 유대에서의 징수 조직에 대해 간략하게 서술해 놓자. 여기에는 직접세와 간접세가 있었다. 전자는 주로 토지세와 인두세이고, 여기에 더해 가옥세 등도 있었다는 게 알려져 있다. 직접세는 지방 행정 조직에서 징수하게 했다. 간접세란 주로 관세로 통행세, 항만세, 시장세 등이 있었다. 최근 연구에 의하면, 이전부터(헬레니즘적 기구의 일부로서) 유대에도 존재했던 징세 청부업자에게 위탁해 징수했다(복음서에서 이러한 업자들 및 그 하수인이었던 '세리'들이 미움을 샀던 이유는 이교도 로마의 앞잡이였을 뿐 아니라 그중 많은 수가 공공연히 세금을 횡령해 착복했기 때문이다). 그러나 이것 외에도 주민에게는 인력이나 동물을 징용하는 강제노동(부역, angariare)의 의무가 부과되었다(〈마태오〉 5:41 참조).

이러한 이방인 지배를 낳은 첫걸음이 된 퀴리니우스의 호구조사를 맞아서, 유대인 중에 이스라엘의 신에 대한 충실함 때문에 격렬하게 반대한 자들이 있었다 해도 이상할 것은 없다. 그 지도적인 인물로 무장 게릴라전을 전개한 것이 카리스마적인 율법학자이기도 했던 듯한 갈릴래아의 유다Iudas(정확히는 가울라니티스의 가말라 출신)이다(『유대 고대지』 18:4, 또한 〈사도행전〉 5:37의 '갈릴래아의 유다' 참조. 이것을 '테우다스'의 사건 뒤라고 한 〈사도행전〉 5:36의 서술은 〈사도행전〉의 저자 루카가 연대 설정을 잘못한 것이다).

나중에 보게 되듯이 이 히즈키야-유다 가계는, 유대 전쟁의 최후에 이르기까지, 반로마 저항 투쟁에서 중요한 역할을 맡게 된다. 이 유다와 연대한 인물이 아마도 사제 출신으로 바리사이파의 차독Zadok이었다. 요세푸스는 유다와 차독 두 사람을 '제4의 철학'* 즉 열심당 운동의 선구로 보고 있다(『유대 고대지』 18:9 및 23 이하). 다만 이 무렵 이미 '열심당'이 조직되었다고 보는 것은 아마도 사태에 대한 정확한 파악은 아닐 것이다. 또한 이 반란이 수습되자, 나중의 필라투스 시대까지는 눈에 두드러진 유혈 사건은 보이지 않는다.

총독 필라투스의 등장

총독 코포니우스의 시기 뒤, 총독 M. 암비비우스Ambivius(혹은 암비불루스Ambivulus, 재직 기원후 9-12년)와 총독 A. 루푸스Rufus(재직 기원후 12-15)의 시대는 평온했다. 그 뒤의 총독 V. 그라투스(재직 15-26년)는 연달아서 대사제를 경질했다. 그리고 마지막으로 대사제로 임명된 것이, 복음서로 유명한 요셉 카야파Kaiaphas(〈루카〉 3:2, 〈마태오〉 26:3, 57, 〈요한〉 11:49, 18:13-28, 〈사도행전〉 4:6, 『유대 고대지』 18:35 참조, 재위 18-36)

---

* '제4의 분파'라고도 한다. 기존의 사두가이파, 바리사이파, 에세네파와는 다른 신정주의적이면서 민족주의적 색채가 강한 그룹으로 요세푸스는 제1차 유대 전쟁의 원인이 이들에게 있었다고 비난했다. 현대의 많은 학자들은 이들에 대한 요세푸스의 묘사가 역사적인 사실과 정확하게 부합하지 않는 면이 있다고 이의를 제기하고 있다.

였다. 이 그라투스의 뒤를 이은 것이 마찬가지로 복음서(〈루카〉
3:1, 〈마르코〉 15:1-15)나 사도신경으로 널리 알려진 폰티우스
필라투스(본디오 빌라도)였다(재직 26-36년).

이 필라투스는 기사 계급 출신으로, 로마에서 그 무렵 실권
을 잡고 있었던 세이아누스를 보호자로 섬기던 자였다. 따라서
그가 유대에 등장한 방식도 극히 도발적이었다. 즉 그는 황제
의 초상이 그려져 있는 로마의 군기를 야음을 틈타 예루살렘
으로 가져온 것이다. 이 때문에 유대인들은 이것을 우상을 금
하는 유대 율법에 대한 중대한 도전으로 받아들이고, 대거 카
이사리아로 몰려가 항의 행동에 나섰다. 필라투스는 대량 살
육의 가능성으로 위협했지만 유대인들이 조금도 물러서지 않
았기 때문에 결국은 필라투스 쪽에서 군기를 접고 예루살렘에
서 철거시킨 사건이 있었다(『유대 전기』 2:169-174 『유대 고대지』
18:55-59).

또 한번은 필라투스가 예루살렘의 물을 공급하는 수도의 건
설 비용으로 신전의 보고에서 금전을 징수해 충당했다. 이에
대해서도 수만 명이나 되는 유대인이 항의하러 모였는데, 필라
투스는 평복의 병사들 다수에게 곤봉을 몰래 소지하게 해 군
중 안에 섞이게 한 뒤, 신호와 함께 무차별 구타하게 하는 폭
거를 통해 진압했다(『유대 전기』 2:175-177, 『유대 고대지』 18:60-
62).

가말리엘 1세

이 시기 유대교 내부에서는, 라반 가말리엘 1세(20-40년경)가 특별히 언급할 만하다. 가말리엘은 힐렐의 손자라 했고, 〈사도행전〉 5장 34-39절에 의하면 최고법원(산헤드린)의 멤버였던 듯하다. 〈루카〉는 가말리엘을 바울로의 교사라고 말하고 있다(22:3). 여하튼 가말리엘 1세는 유대인들 사이에서는 가장 유명한 랍비의 한 사람으로 꼽히고 있다. 거기에서 후대에, '노老 라반 가말리엘이 죽은 뒤부터 율법에 대한 존경이 끝나고 말았다. 청정함과 절제도 동시에 사라지고 말았다'(2세기 말 유대교 구전 율법의 집대성인 〈미슈나〉의 '소타Sotah' 9:15)고까지 말해지게 되었다.

팔레스티나 유대교의 조류와 당파

마지막으로 당시 팔레스티나 유대교 내부의 사정을 간략히 정리해 보자. 팔레스티나에서는 기원전 2세기 이래, 다양한 조류나 당파가 서로 대립하며 길항하고 있었다. 기원 전후에 우리가 수없이 듣는 것이 바리사이파Pharisaioi다. 그들은 신의 은혜에 대한 응답으로, 일상생활에서 '토라Torah' 즉 '율법'—구전 전승 즉 조상들의 전언(〈마르코〉 7:5, 9, 13 참조)을 포함—의 준수를 유념하는 사람들이다. 그렇긴 하지만 그들을 '당파'로 부르는 것은 아마도 적당하지 않을 것이고, 평신도 간의 종교 개혁 운동의 조류로 보아야 할 것이다. 다만 그들 가운데에서 '하벨리즘('동료들'이란 의미)'이라는 결사를 만든 열성적인 자들도 분명히 존재했다.

또한 바리사이파는 기원전 2-1세기에는 정치적 문제에도 적극적으로 관여했지만, 헤로데 대왕의 압정 시대에 접어들자, 그 무렵 등장한 같은 파의 유명한 율법학자 힐렐(바빌로니아에서 예루살렘으로 이주해온 디아스포라 유대인)은 비정치화 쪽으로 크게 방향을 틀었다. 힐렐은 또한 (구약)성서로부터 '할라하(종교적 규정)'를 이끌어내는 해석 방법론을 확립했다. 그의 해석은 일반적으로 유연한 것이었다고 전해지며, 서서히 폭을 넓혀, 무엇보다도 도시를 중심으로 침투해 나갔다. 그의 가르침의 흐름은 제1차 유대 전쟁(기원후 66-70) 뒤에도 살아남아, 이른바 '랍비적 유대교'를 형성해 갔다.

이에 대해 또 하나의 흐름을 만든 것이 샴마이Shammai로, 그는 엄격한 할라하 해석 경향을 보였다. 샴마이파는 도시보다는 지방에서 오히려 인기가 있었고, 숫자도 다수여서, 보다 애국적이고 공격적이었던 듯하다(기원 6년에 '갈릴래아의 유다'와 함께 이름이 거론된 앞서의 차독은 아마도 샴마이파의 인물이었던 듯하다). 샴마이파는 훗날 무력 투쟁적 입장으로 기울어, 제1차 유대 전쟁이 끝나자 그 존재 의의를 상실했다.

다른 한편, 율법의 준수에는 일상생활조차 변형해 일종의 공동체성을 견지하지 않으면 안 된다고 한 것이 에세네파Essenoi로, 그 중핵 그룹이 예루살렘 신전 체제를 비판하면서 사해 부근의 사막에서 금욕적, 수도원적 집단을 형성해 은둔했던 사제 중심의 쿰란 교단이었을 것으로 생각된다. 이것은 에세네파, 쿰란 교단이 곧 평화주의적인 단체였다는 것을 의미하는 것은 아니고, 그들 중에는 제1차 유대 전쟁에 가담한 자들도 있었다(『유대 전기』 2:152-153, 567). 그 때문에 기원 68년, 쿰란의 수도원은 로마군에 의해 파괴되었다.

다른 한편, 신전 체제를 짊어진 자들인 귀족 사제, 대토지 소유자 등은 사두가이파Saddukaioi가 되어 대항해, 자신들의 권익을 지키려 했다. 또한 헤로데 왕가의 지지자들은 '헤로데 당Herodianoi'을 형성했다고 전해진다(『유대 고대지』 14:450, 〈마르코〉 3:6, 12:13). 이에 더해 66-70년의 제1차 유대 전쟁과 비슷한 시기에 '열심당Zelotai' 내지는 '시카리파Sikaroi'(필시 라틴어 '단검sica'에서 유래) 등으로 모습을 명확히 한 여러 무장 집단의 흐름도 끊이지 않았다.

또한 사두가이파를 제외한 모든 그룹에 영향을 준 사상에 묵시 사상apocalypticism이 있다. 이것은 이스라엘 고래古來의 종말론적 사고가 아마도 페르시아 이원론의 영향하에, 또한 이스라엘 지혜문학의 사변을 빌려, 특히 이스라엘의 고난이나 박해의 시대의 위기의식을 배경으로 해 철저화, 첨예화된 것으로 이해할 수 있다. 시간적으로는 '이 세상'과 '도래할 세상'에, 윤리적으로는 신에 불충한 자와 최후까지 충실한 자로, 구원론적으로는 종말에 의한 절대적 멸망과 최종적 구원으로 이원적으로 분극화하는 사고를 특징으로 한다. 그리고 동지들에 대해서 지금 현재의 시간의 고난을 신에 대한 충실함을 버리지 않고 견뎌나가면 도래할 세상의 지복이 주어질 것이라고 호소하는 것이다(이러한 사상을 지닌 문서를 묵시문학apocalypse이라고 한다). 이 사상은 유대에서는 시리아 왕국의 탄압에 저항한 마카베오 전쟁 무렵에 선명한 형태를 이뤘고, 나아가 기원 전후 헤로데 가문의 압정을 배경으로 해서 유대 전체로 퍼져 나갔다고 생각된다.

신전 체제

로마로부터 승인받고, 또한 헤로데 왕가의 실질적 영향하에 있으면서도 유대 백성을 위한 자치 기능을 맡고 있었던 정체政體가 당시 예루살렘의 신전神殿 체제이다. 그 직접적 기원이 바빌론 포로 생활로부터 귀환한 백성들에 의해 재건되었던 신전으로 거슬러 올라가기 때문에, (솔로몬 왕이 지은 제1신전과 구별해서), '제2신전' 체제라고 부른다. 그 중심을 이루었던 것은, 최고 지도자인 대사제archiereus(몇 개의 최고 귀족 사제 가문에서 배출) 이하, 70명의 의원으로 구성되었던 최고법원sanhedrin이었다. 그 구성은 사제들archiereis(귀족 사제), 장로들presbyteroi(일반 귀족, 대토지 소유자), 법률학자들grammateis(다수가 바리사이파적인 입장)이었다.

신전은, 전 세계의 성인이 된 유대인 남성으로부터 매년 2드라크마의 신전세를 거둔 것 외에도, 지역의 모든 생산물, 소비물에 대해 '10분의 1'세를 부과했다. 또한 매일 두 번, 백성들을 위한 희생제의를 올리고, 1년에 세 번은 대순례 축제로 흥청거렸다(유월절과 무효제, 7주제, 초막제). 이에 더해 막대한 여러 가지 헌금이 있었다. 결국 신전이란, 그것을 이끌어가는 자들에게는 거대한 경제 이윤 체제였다.

갈릴래아라는 땅

갈릴래아Galilaia는 팔레스티나 북쪽의 땅이고 갈릴래아 호수를 중심으로 동서 약 40킬로미터, 남북 50킬로미터에 약간 못 미치는 지역을 가리킨다. 이 땅은 이스라엘 왕국 분열 후에는 북왕국 이스라엘에 속해 있었다. 그러나 기원전 733-732년의 시리아 에프라임 전쟁에서 북왕국이 아시리아에 패배해, 갈릴래아 등의 지방이 아시리아의 속주의 일부가 되고, 이에 더해 722/721년에 북왕국이 결국 멸망하자, 갈릴래아도 순수한 유대인의 전통으로부터 떨어져 나와, 결국에는 '요르단 강 건너편 외국인들의 지역'이라고 멸칭되기에 이르렀다. 즉 수세기에 걸쳐 이 땅은, 유대인 및 유대교도가 살지 않았던 것은 아니었지만, 극히 이교적인 색채가 강한 땅이었다. 그러나 기원전 104년에 하스몬 왕조의 왕 아리스토불로스 1세가 갈릴래아 북방까지 원정해, 이 지역의 일부를 강제적으로 재유대교화한 뒤로는(『유대 고대지』 18:318), 이른바 유대 하스몬적 유대교가 우세를 확립했다. 그렇지만, 특히 갈릴래아의 하층 농민 계급에는 유대의 유대교(바리사이파, 사두가이파 등)에는 동조하지 않는 부분이 많았고, 유대나 예루살렘 사람들로부터는 여전히 경멸의 대상이었다.

하지만 그렇게 경멸을 당하면 당할수록, 이 땅에는 '후진 지대' 독특의 유대교 정신성도 키워 나갔던 듯하다. 결국 '선진 지대'로부터 업신여김을 당하면서도 관념적, 행동적으로는 한층 급진화된 유대교가 빚어지게 된 것이다. 이것은 '후발주자의 심리'라고 부를 수 있을 것이다. 기원전 40년, 예루살렘의 성소에 자신의 상像을 세우려 했던 가이우스 황제의 결단에 온몸을 던져 반대한 것은 주로 갈릴래아의 자영 농민이었던 듯하다(『유대 고대지』18:263 이하). 또한 후대의 대對 로마 전쟁으로 연결되는, 중앙 체제에 대한 반항 운동의 온상이 갈릴래아 일대였다는 사실도 우연은 아닐 것이다.

또 하나의 사태는, '황폐한 땅은 일절 없는'(『유대 전기』3:43)이라고 했던 갈릴래아 땅의 풍요로움이다. 특히 갈릴래아 호수 북서부의 젠네사렛(구약 시대에는 '킨네렛') 평야의 비옥함은 유명해서, '기르지 않는 식물이 하나도 없다'(『유대 전기』3:516)고 칭송되었다. 그러나 문제는 이 땅의 풍요로움이 그대로 일반 민중의 부로 환원된 것은 아니라는 사실이었다. 결국, 문제는 부유층의 토지 지배이다.

애초에 갈릴래아의 영주인 헤로데 안티파스 자신이 ―원래 세포리스의 북쪽에 대농장을 갖고 있었는데― 갈릴래아 호반에도 광대한 토지를 소유하고 있었다. 그리고 시간이 지나면서 예루살렘이나 갈릴래아의 대도시에 사는 그 땅의 대토지 소유자들의 투기적 토지 매수가 횡행해 독립 자영농민은 서서히 몰락하기 시작한다. 또한 갈릴래아 땅의 비옥함을 듣고 수많은 인구가 주변 지역에서 유입되었기 때문에(『유대 전기』 3-42), 예수 시대 무렵의 인구가 팔레스티나 전체 인구의 절반에 육박하는 20만 명 정도로까지 늘어났다고 전해진다. 당연히 날품팔이 노동자의 숫자가 증가해 간다. 게다가 예수 시대라면 영주 헤로데 안티파스가 부과한 무거운 세금이 더해진다. 지조地租, 인두세, 매상세, 시장세, 어업세 등이다. 공식적으로 인정되는 것만 해도 이 안티파스의 연간 세금 수입은 200탈란톤(1탈란톤은 6천 드라크마, 즉 노동자의 하루 임금의 6천 배)에 이르렀다고 하는데, 실제 수입이 어느 정도였는지는 짐작하기도 쉽지 않다.

　이렇게 예수 시대 및 그 전후의 갈릴래아 일반 민중은 종교적으로 차별받는 것과 동시에 경제적으로도 착취의 대상이었다고 하는 것이 실상이다.

제2절 **예수**

탄생한 시간과 장소

갈릴래아 나사렛 마을의 예수Iesus는 이러한 배경 속에서 태어났다. 그것이 언제였는지는 정확히 알 수 없다. 기원 원년은 아니다. 기원 원년설은 6세기의 로마 수도사 디오니시우스 엑시구우스가 스스로 믿었던 것에 따라 산정한 것에 지나지 않는다. 예수의 탄생은 〈루카 복음서〉 1장 5절에 따르면 헤로데의 생전, 〈마태오 복음서〉 2장에 의하면 헤로데의 치세 말기, 즉 기원전 4년 무렵이 된다. 또한 마찬가지로 〈마태오 복음서〉 2장에는 '동방 박사들'이 빛나는 별의 인도를 따라 유대에 온 사정이 적혀 있다. 이것이 어떠한 역사적 사실을 반영하고 있다면, 최근의 컴퓨터 시뮬레이션 결과로는 기원전 6년경이 된다. 그러니까, 그해 5월의 어느 날 아침 해가 뜰 무렵, 동쪽 하늘에서 목성과 금성이 거의 하나로 접근해 이상한 광채를 뿜었을 것이라고 한다. 애초에 이 '별'의 등장이 진짜로 예수의 탄생과 같이 일어났다는 보증은 전혀 없다.

한편 〈루카 복음서〉를 보면 예수가 태어난 것은 퀴리니우스가 시리아의 총독이었을 때 시행한 최초의 호구 조사 때로 되어 있다(2:2). 이것은 자료에 의하면 유대가 아르켈라오스의 지배로부터 로마의 직접 지배로 이행했던 기원후 6년의 일이다. 다만 루카가 호구 조사의 연대를 착각했거나, 혹은 의도적으로 시간을 이동시켰을 가능성은 충분히 있을 수 있다. 애초에 유대에서의 호구 조사가 '전 세계의 호구 조사'(〈루카〉 2:1)로 되고, 유대로부터 상당히 떨어져 있는 갈릴래아(헤로데 안티파스의 영지)에 사는 요셉 일가에까지 미쳤다는 말도 이해하기가 어렵다. 그렇다고 한다면 결국 예수의 탄생은 기원전 4년 내지 그 이전의 몇 년 사이에 있었다고 상정할 수 있을 것이다.

예수 탄생의 장소로 〈마태오 복음서〉와 〈루카 복음서〉가 베들레헴을 거론한 것도, 메시아는 다윗의 후예로서 베들레헴에서 나오지 않으면 안 된다고 하는, 이른바 메시아 이데올로기에 근거하고 있다는 의심이 있다(〈마태오〉 2:5-6, 〈미카〉 5:1 참조). 그렇다고 한다면 탄생지는 예수가 나고 자란 땅인 갈릴래아 지방의 나사렛일 가능성이 높다. 따라서 예수는 나사렛을 고향으로 하는 '목수'— 즉 목재(경우에 따라서는 석재) 가공업자— 요셉 집안의 장자로 탄생했다고 상정된다.

가족 구성

〈마르코 복음서〉 6장 3절의 전승에 의하면, 예수에게는 '야고보, 요셉, 유다, 시몬' 네 명의 동생과, '누이들'이 있었다. 그러니까 최소한 6명의 동생이 있었던 셈이다. 하지만 당시로서는 가족 구성원이 아주 많다고 할 수는 없다. 예수는 그 시대의 수공업자 가족들처럼 나이 들어가는 아버지 요셉의 직업적 가르침을 받았을 것으로 생각된다. 그리고 '바르 미츠바'(직역하면 '계율의 아들')라고 부른 13세의 성인 연령에 달했을 무렵에는 한 사람의 어엿한 목수가 되었을 것이다. 예수가 성인이 되고 얼마 안 있어 그의 아버지는 타계한 것이 아닐까 생각되는 점이 있다. 또한 당시의 목수를 가장 밑바닥의 빈농과 비슷하게 놓는 설도 있지만 아마도 그렇지는 않았을 것이다. 목재 등을 가공하는 직업은 기능직에 속하고, 단지 육체의 힘을 팔 뿐인 사람과 동등한 사회적 위치에 있었으리라고는 생각되지 않는다.

또한 예수 전승에서 보이는 성서의 지식을 통해서 아마도 예수는 정기적으로 시나고그(회당)에 다녔을 것이다. 또한 당시의 상식으로 보면 20세 전후에 결혼했을지도 모른다. 하지만 훗날 예수가 활동을 시작했을 때는, 우리는 그의 아내에 관해서는 전혀 들을 수가 없다. 또한 예수는 젊었을 때부터 목수로서 갈릴래아 전역을 구석구석 도보로 다녔을 것이다. 거기에서 예수는 우리가 이미 살펴본 갈릴래아의 상황에서 유래한 민중의 고뇌를 자세히 보고 들었을 것이다. 이 사실이 예수가 훗날 공적인 활동을 시작할 때 귀중한 산 체험이 됨과 동시에, 그의 활동의 심리적인 동기 부여의 원천이 되었을 것으로 상정된다.

침례자 요한의 활동

나사렛 마을 예수 운동의 효시는 침례자baptisma 요한Io-annes의 등장이다. 그것은 〈루카 복음서〉에 의하면 '황제 티베리우스가 다스린 지 십오 년째 되던 해'(3:1) 즉 (세는 방식에 약간의 차이가 있긴 하지만 거의) 기원후 28년이다. 계절은 요한의 말에 수확의 비유가 많다는 것을 통해(〈루카〉 3:9, 17 등) 봄부터 여름에 걸친 시기가 아니었을까 생각된다. 요한은 금방이라도 도래할 종말의 심판자, '뒤에 오실 분'(〈마태오〉 3:11)을 고지告知했다. 그 현실을 목전에 둔 지금의 한정된 시간은, 이른바 위기적인 '모라토리움(유예)'의 시간이다. 당장이라도 도래할 이 절멸 심판에서 벗어날 수 있는 유일한 길은, 요한에 의하면 오로지 결정적이면서 실질적인 '회개'이고, 그 비적秘蹟의 보증으로서 요르단 강의 물로 단 한 번의 '밥티스마'(직역하면 '침례', 물속에 몸을 담그는 것, '세례'라고도 한다)를 베풀었다. 그렇게 함으로써만 죄는 용서받고 구원받을 수 있다는 것이었다.

따라서 이 행위는 그의 주변 사람들에 의해 '죄의 용서에 이르는 회개의 세례'(〈마르코〉 1:4)로 정의되었다. 그러나 '죄의 용서'란 당시의 유대교에서는 공식적으로 예루살렘 신전 제의에서 사제들의 중개를 통해서만 주어지는 것이었다. 이러한 사실을 생각하면, 요한의 이런 행동은 예루살렘 신전을 적으로 삼은, 매우 도발적인 행위였다는 것을 알 수 있다. 원래 신전 제의에 참여하기 위해서는 예루살렘 신전까지 갈 수밖에 없었고, 예를 들어 갈릴래아 등에 사는 사람에게는 이 행위는 아무리 짧아도 열흘의 시간을 요구한다. 그렇다고 한다면, 빈민, 특히 일용 노동자 등으로서는 감당하기 어려운 행위일 것이다. 또한 신체장애자나 율법을 일상에서 준수하지 않는(혹은 준수하고 싶어도 그럴 수 없는 상황이나 직업을 가지고 있는) '죄인'들에게는 처음부터 신전의 문은 닫혀 있는 것과 마찬가지였다. 그런 상황이었으므로 더욱더 요한의 운동은 이러한 사람들을 끌어들이는 힘을 갖고 있었으리라는 것을 쉽게 상상할 수 있다. 당시 종말 의식이 민중들 사이에 침투해 있었다면 말할 나위도 없었을 것이다. 결국 요한의 운동은 종말론적, 반신전적 카리스마 운동이었다고 상정할 수 있을 것이다.

그러나 갈릴래아의 위정자 헤로데 안티파스는 요한의 주변에 모인 사람들에 의해 반란이 일어날 것을 두려워하여, 아마도 그와 동시에 헤로디아와의 결혼을 요한으로부터 책망받은 것(〈마르코〉 6:18)에 한층 반감이 부추겨져, 요한을 붙잡아 마카이루스(마켈루스)의 요새에 가두고, 끝내는 처형해 버렸다. 아마도 마찬가지로 기원 28년의 일이었을 것으로 생각된다(다만,

요한의 제자들은 그 뒤 적어도 1세기 말까지는 독자적인 침례 교단으로서 존속했다).

예수의 밥티스마, 전기, 활동 개시

나사렛의 목재 가공업자 예수는, 이 요한의 등장을 소문으로 들었다. 그것이 그의 이른바 첫 번째 전기轉機를 유발한다. 예수는 한 집안의 기둥인 장남이었음에도 불구하고, 일대 결심을 하고 어머니와 동생들과 고향을 버리고 요한이 있는 곳으로 갔다. 이것은 인간적으로 보자면 지극히 중대한 결단이다. 거기에서 예수는 요한 앞에서 자신의 '죄'의 고백을 하고, 요한으로부터 세례를 받고 그의 제자가 된 것으로 생각된다(〈마르코〉 1:9-11). 그에 더해 예수는 요한 곁에 머물고 있을 때 적어도 요한의 말투나 그의 역사 종말관 및 심판자관 등도 수용했다고 생각된다.

훗날의 전승 과정에서 예수가 세례를 받았다는 것은 당연히 커다란 문제가 되었다. 그것은 정직하게 이해한다면 예수가 요한의 제자가 되었다는 것을 의미하고, 동시에 예수가 죄의 고백을 했다는 것이 되어 버리기 때문에, 예수 신격화의 길 위에 있었던 시대의 초기 그리스도교도들로서는 매우 사정이 곤란했기 때문이다. 그 때문에 예수가 요한을 찾아갔다는 것을 어떻게든 합리화하려 하거나(〈마태오〉 3:14-15), 혹은 세례를 받을 때 요한의 이름을 삭제하거나(〈루카〉 3:21), 끝내는 예수가 세례를 받았다는 사실조차 언급하지 않고 지나가게 되었다 (〈요한〉 1:29 이하). 그러나 그러한 경향이 확인되면 될수록 예수가 죄의 고백을 하고 세례자 요한으로부터 세례를 받았다는 사실은 점점 더 명확해질 뿐이다.

그런데 요한이 헤로데 안티파스의 탄압책으로 인해 사람들 앞에서 모습이 사라지고, 혹은 요한이 처형된 직후, 예수에게 두 번째 전기가 찾아온 것으로 여겨진다. 그것은 하나의 비약이었고, 그 결과 예수는 명백히 스승과는 다른 차원에 서 있다는 것을 이해하고, 독자적인 운동을 시작하기에 이르렀다(〈마르코〉 1:14-15). 요한은 황야에 있는 자신의 곁으로 사람들을 모았지만, 예수는 반대로 스스로 마을과 마을에 있는 사람들을 향해 나갔다. 세례도 더 이상 행하지 않았다. 요한이 설교한 종말의 때가 이미 시작되었다고 이해했을 것이다. 확실히 예수에게는 요한 직계의 종말 도래에 대한 예감이 유지되었고, 그런 의미에서는 앞에서 말한 '모라토리움'은 아직 파기된 것이 아니었다. 그러나 동시에 그 종말점에서 비로소 실현될 '지복至福'이 이미 실현되기 시작하고 있고 그것은 결국 오게 될 다음 세상까지 이어져 있다고 자각했던 것으로 생각된다.

이 '지복'이란 하나의 종교적 직각直覺이고, 또한 일종의 열광적 정열이다(적지 않은 사람들이 예수를 미쳤다고 생각했다고 전승은 말한다, 〈마르코〉 3:21). 그것은 독특한 공생적 커뮤니티에 대한 비전을 특징으로 하고, 인간들 사이의 차별적 요소의 급진적인 지양을 표방하고 있다. 이른바 '카니발'적인, 제諸 가치의 근원적 전환의 환희라고도 말할 수 있는 것이다. 그 핵심을 예수는 '신의 왕국'(혹은 '신의 지배')으로 표현했다.

'신의 왕국'이란 '신의'라는 수식어에 독자적인 의미가 있다. 요컨대 불의와 차별을 낳는 인간의 왕국이 아니라, 그것을 훌쩍 뛰어넘은 신의 왕국이라는 것이다. 이 '신의 왕국'이 '가까이 왔다' 혹은 '도래했다'고 하는 메시지를 가지고 예수는 갈릴래아에 다시 등장했다. 갈릴래아는 분명히 그의 고향이지만, 그 이상으로 그의 스승인 요한을 살해한 헤로데 안티파스가 지배하는 영지이다. 나아가 예수가 활동의 중심으로 삼은 갈릴래아 호수 주변에는 이 안티파스의 거성居城인 수도 티베리아스가 있다. 결국 '신의 왕국'과 그것의 비차별적, 무조건적 공생의 메시지를 지닌 예수의 갈릴래아 활동 시작은, 요한을 살해한 헤로데 안티파스에 대한 근원적인 비판과 도전의 시작이기도 했던 것이다.

예수의 활동

이러한 메시지와 열광적 파토스를 동반한 예수의 활동은 지극히 대담한 말과 행동을 낳고, 사회 관념의 족쇄와 질곡을 파괴해 사람들에게 다가갔기 때문에, 갈릴래아 민중의 대부분인 빈민, 몰락 계급의 광범위한 지지를 얻었다. 그것은 요한을 지지했던 사람들과 비슷한 사회 계층에 무엇보다도 호의적으로 받아들여졌다는 것을 의미한다. 나아가 예수가 사회의 차별 시스템을 부정했다는 사실은, 그것과 연관된 유대교의 성별聖別 시스템과 그 근원에 있는 예루살렘 신전 체제에 대한 비판을 내포하고 있었다는 것이다. 여기에서, 앞서 요한에게 보이는 반反신전 체제라는 방향성이 예수에게서도 재확인된다.

게다가 예수의 자유로운 비판적 언어와 행동이 일부 엘리트 계급에도 파고들어 그들의 지지를 이끌어냈을 가능성도 있다. 그러한 광범위한 지지자, 동조자 중에는 예수를 '메시아'적 존재로 받아들이고, 생활이나 가족을 내던지면서까지 예수와 함께 방랑 생활을 하고, 그의 선교, 전도 활동에 참여한 사람들─얼마 안 있어 '제자들'이라고 불린 예수의 동지들─도 생겼다(〈루카〉 9:57 이하 등).

또 예수에게는 '병을 치유하는' 힘이 있다고 여겨져, 이것이 사람들의 흥분을 점점 더 증폭시켰다. 특히 '악령에 들린 자'를 대표로 하는 정신 신경적 질환(이 자체, 사회적 억압 기구의 희생자층에 빈발한다는 사실이 알려져 있다)이나 '나병 환자'라고 하는, 사회에서 가장 기피되고 혐오되어, 차별받고 말살되었던 환자가 치유되었다는 보고가 주목을 끈다(〈마르코〉 1:23 이하, 1:40 이하, 9:14 이하 등 다수). 여기에서 중요한 것은 이러한 중증 병에 걸렸다는 사실이 당시의 유대 사회에서는 자신 내지는 가족의 '죄' 때문이라고 여겨져, 차별과 배제의 대상이 되었다고 하는 사실이다.

예수가 이러한 사람들을 치유했다고 한다면, 그것은 우선 예수가 이러한 사람들에게 접근해, 그들과 융합하고, 그들을 무조건적으로 수용했다는 것을 의미한다. 그것은 결국, '죄'로서 차별과 배제를 합리화하고 고정화하려 하는 사회 체제에 대한 비판으로서 작용한다. 또한 그 병이 치유되었다고 한다면, 그것은 그 배경에 있는 '죄' 그 자체에 대한 용서가 ─ 예루살렘 신전이 아니라 ─ 예수를 통해 신으로부터 주어졌다고 받아들여지기 때문에, 신전 체제의 지배적 이데올로기를 전복시키는 방향성을 갖고 있었다. 이렇게 해서 예수에 대한 경탄과 감동은 갈릴래아 내외에 적어도 어느 시기, 강렬한 센세이션을 불러일으켰을 것이라고 상정할 수 있다.

예수에 대한 적대

그러나 이 사태는 한편으로는 정치적 지배자(헤로데 안티파스)나, 율법 준수의 생활에 자신들의 성스러운 지침을 보고 있던 사람들 및 현 체제를 유지하는 것에 의해 사회적, 경제적 이해가 직접적으로 걸려 있는 사람들의 격렬한 반발을 초래했다. 영주 헤로데 안티파스도 예수 살해 음모를 꾸몄다(〈루카〉 13:31).

이러한 대립이 대두되는 가운데 예수는 기원 30년 봄 유월절을 겨냥해서, 예루살렘에 입성했다. 유월절라고 하면 이집트 탈출의 국민적 구제를 기념하는 유대의 대축제다. 따라서 예수의 예루살렘 입성은 예수가 결정적인 종말론적, 구원사적 사건이 아주 가까운 시간 안에 일어날 것으로 기대했다고 해석할수 있다. 그리고 동시에, 그 배경의 근원에, 예수는 아마도 신전 체제의 유지자들을 향해 최후의 '회개'를 요구하려는 의도를 가지고 있었을 것이다. 이 비상한 결의가 배어나는 예수의 예루살렘 입성 모습을 복음서 기자 마르코는 다음과 같은 영상으로 묘사하고 있다.

> 예수의 일행이 예루살렘으로 올라가는 길이었다. 그때 예수께서 앞장서서 가셨고 그것을 본 제자들은 어리둥절하였다(〈마르코〉10:32).

이렇게 해서 예루살렘에 입성한 예수를 수많은 군중이 흥분 속에 맞이해 둘러쌌다. 아니나 다를까 예수는 그러한 군중의 지지를 배후에 놓고 현행 신전의 기능을 부정하는 상징적인 시위 행동을 하고(〈마르코〉11:15-19), 또한 신전의 붕괴를 예고했다(〈마르코〉13:1-2). 예수의 주위에는 필시 긴박한 분위기가 흘렀을 것이다. 사제들을 주축으로 하는 신전 세력은, 이에 대해 더 한층 위기감이 격화되었고 예수를 없앨 것을 계획했다. 그들은 예수를 둘러싼 군중의 움직임에서 반란의 낌새를 맡은 로마군의 원조를 얻어, 유월절 전야, 올리브 산 중턱의 '겟세마네'('기름 짜는 곳'이라는 의미) 동산에서 예수를 포박하는 데 성공했다(〈마르코〉 14:43-52, 〈요한〉 18:1-11).

예수의 죽음

체포에 앞서 예수는 '열두 사람twelve'과 함께 최후의 식사를 했다(〈마르코〉 14:17-25). 이것이 이른바 '최후의 만찬'이다. 그리고 그 자리에서 예수는 아마도 자신에게 다가오는 죽음을 예감했던 듯하다. 또한 '열두 사람'을 ―많은 이들은 여기에 '제자'를 덧붙여 '열두 사도'라고 한다('열두 사도'란 표현은 복음서 기자 루카의 조어) ― 현재의 복음서처럼, 예수의 활동 초기에 예수에 의해 지명되었다고 보는 것은(〈마르코〉 3:16-19), 역사적으로는 의문이 있다. 개인적인 견해로는 '열두 사람'의 지명은 예수 활동의 최종 국면, 경우에 따라서는 이 최후의 식사 자리였을 가능성이 있다. 그들은 새로운 '신의 왕국'에서의 이스라엘의 12부족의 상징적 표현이었을 것이다.

식사가 끝난 후 '겟세마네' 동산에 오른 예수는 갑자기 주위에도 명백히 느껴질 정도로 비상한 고뇌에 사로잡혀, 처절한 기도의 심연에 잠겼다고 전승은 전한다(〈마르코〉 14:32-42, 〈히브리〉 5:7). 이윽고 그것을 마친 뒤, 예수가 어떠한 세계를 통과해 나갔는지는 우리로서는 상상할 수밖에 없다. 적어도 그 뒤의 예수의 모습을 오래된 자료에서 확인하는 한, 이미 타인을 비난하는 말이나 전투성은 거의 완전히 사라졌던 것으로 생각된다.

체포 장면에서는 그의 측근들이 처음에는 무력 저항을 시도했지만, 예수 자신이 아무 저항도 않고 체포되자 전원이 너무도 큰 충격과 실의 속에 공황 상태에 빠졌고, 어쩔 도리 없이 도망치고 말았다. 이렇게 해서 예수의 운동은 급속히 와해되어 버렸다(〈마르코〉 14:50). 예수의 체포에 이어 대사제와 사제들은 비공식적으로 예수를 심문해 필시 신성모독(〈마르코〉 11:15-18, 14:57-58)이나 율법 준수 위반 등의 죄로 예수에게 사형을 내리기로 합의했다. 그 뒤 예수에게 로마에 대한 반역죄를 뒤집어씌워(〈루카〉 23:2, 〈요한〉 19:12) 로마 총독한테 인도했다(유대 당국은 원래 스스로 사형을 집행할 권능이 박탈되었던 듯하다, 〈요한〉 18:31 참조).

총독 필라투스는 예수의 재판 건을 맡아 직권 심리를 한 뒤 예수를 다른 두 명의 반란자와 함께 십자가형이라고 하는, 속주의 반反로마 반역자용으로 당시 가장 잔혹한 처형 방법으로 죽이기로 했다. 형장은 사람들의 본보기를 위해 순례자의 눈에 띄기 쉬운, 도시의 성벽 밖에 있는 '골고타'('해골'이라는 의미)라고 불린 채석장 한 구석이 선택되었다. 유월절이 저녁부터 시작된다고 하는(〈요한〉 19:14), 확실히 사람의 왕래도 빈번한 한낮의 처형이었다. 예수는 몇 시간 십자가에 매달려진 뒤, 오후 그다지 늦지 않은 시각에 의미 불명의 큰 소리를 지르고는 숨을 거두었다(〈마르코〉 15:37). 이때 예수의 동지들은 다들 어딘가로 도망친 채였다. 불과 두세 명의 여인들이 멀리서 전

율할 만한 광경을 목격했다고 한다(〈마르코〉 15:40-41, 〈요한〉 19:25 참조). 이 시점에서 이 작은 사건이 그때부터 앞으로의 세계를 결정하는 일대 사건이 되리라고는 누구 한 사람 상상하지 못했다.

제2장 | 유대교 예수파의 활동
(기원후 30 – 45년경)

　예수가 형을 받고 죽은 사건 같은 것은 일반적으로는 역사에서 완전히 망각되고 마는 것이 상례일 것이다. 그런데 예수의 경우, 그의 죽음으로부터 얼마 안 있어 어떤 사태가 일어나 그의 동지들은 독자적인 선교 내용을 가진 운동을 개시한다. 그리고 그에 이어 타르수스의 바울로가 '회개'하고, 이윽고 로마 제국 내에서 이방인 전도의 사도로서 활동을 시작한다.

　로마 제국은 티베리우스에서 가이우스, 그리고 클라우디우스로 제위가 이어지며 견고함을 더해갔다. 그리고 이것이 예수파 운동이 전개되어 나가는 무대를 제공하게 된다.

　팔레스티나에서는 헤로데 아그리파 1세가 몇 년의 짧은 기간이기는 했지만 유대 땅 전체의 왕의 되어 로마인의 직접 지배를 막는 형태로 통치했다. 그러나 그가 급사함과 동시에 팔

레스티나에는 ─그리고 그 안에 있던 예루살렘 교회에는─
커다란 전회轉回가 생겨나려 하고 있었다.

제1절 유대교 예수파를 둘러싼 세계

1. 로마 제국의 견고화

세이아누스의 몰락

친위대 사령관 세이아누스가 어떻게 정권을 장악하고, 그의 횡포가 절정에 달했는지는 앞 장에서 간단히 서술했다. 로마 시에는 그의 동상이 세워지고, 카이사르 가계家系의 인물과 똑같은 영예가 주어졌다. 티베리우스도 그를 집정관으로 임명해 공동 통치자로 삼았다. 세이아누스는 나아가 티베리우스의 손녀 율리아와의 결혼을 바랐고, 호민관 직을 노렸다. 그렇게 되면 세이아누스에게는 제위帝位를 청구할 수 있는 권한이 생겼을 것이다. 세이아누스는 티베리우스의 목숨까지 빼앗으려 한 정황이 있다. 그러나 티베리우스는 이미 세이아누스의 야망을 알고 있었다. 자신의 아들 소小 드루수스가 실은 세이아누스에게 살해당했다는 것도 이 무렵에는 알아냈다.

다만 측근조차도 신용할 수 없었던 티베리우스는 속마음을 감추고 신중하게 때를 노리고 있었다. 기원후 31년 10월 17일, 때가 도래했다고 판단하자, 티베리우스는 친서를 한 심복에게 맡겨 원로원에 보내, 세이아누스를 그날 바로 참수형에 처해버렸다. 세이아누스의 동상은 파괴되고, 그의 사체는 시민들에게 능욕되어 티베르 강에 내던져졌다. 그 뒤로도 세이아누스 일파에 대한 철저한 숙청이 이어졌다.

티베리우스의 공포정치

이어서 찾아온 것은 음침하고 처참한 공포정치였다. 시의심에 사로잡힌 티베리우스는 반역단속법을 집행해 그 결과 재판과 처형이 끊이지 않고 이어졌다. 원로원은 그의 출장소에 지나지 않았다. 원로원 의원들 자신이 어디에 잠복해 있는지도 모르는 밀고자의 그림자에 벌벌 떨었다.

고발하는 사람이 타인인지 가족인지, 친구인지 모르는 사람인지, 누구도 알 수 없었고, 고발당하는 내용이 새로운 것인지, 오래되어서 잊어버린 것인지도 짐작할 수 없었다. 어떤 자는 자신을 변호하기 위해, 대부분의 사람은 전염병을 두려워하듯이, 너나없이 상대의 기선을 제압해 피고를 확정하려고 안달할 때, 광장이든, 회식 자리이든, 이야기된 것은 어떠한 내용이라도 금방 그것을 고발의 재료로 삼았다……(타키투스『연대기』6:7)

이 음울한 공기 속에서 티베리우스는 기원후 37년 3월 16일, 78세의 나이로 숨을 거뒀다. 그의 죽음은 모든 주변 사람들에게 적지 않은 안도감을 주었다.

정치가로서의 티베리우스는, 공정의 원칙에 기초해 속주 지배를 합리적으로 재편한 인물이다. 티베리우스의 정책에 의해 로마 제국의 지배는 견고함을 확보해서, 이후의 지배 정책에 굳건한 토대를 얻었다. 그러나 이것은 한편으로는 로마의 귀족 계급에게서 속주에 대한 사적인 착취 기회를 빼앗아버린 게 되어, 그들의 불만을 샀다. 그 밖에 티베리우스는 소박함을 기본으로 해서, 공공 경비 등을 삭감하고 식료 공급이나 치수 공사 등에 힘을 쏟았다. 그러나 불운하게도 티베리우스는 민중들 사이에서 인기를 얻는 데는 실패했다.

가이우스 황제의 광기

티베리우스의 뒤를 이은 것은 게르마니쿠스와 대大아그리피나의 아들 가이우스(재위 37-41)이다. 종종 그를 '칼리굴라'라고 부르는데, 이것은 군화 스타일의 아동 신발을 의미한다. 그것은 가이우스가 어렸을 때, 아버지 게르마니쿠스를 따라 라인 지방에 있었을 때에 군대로부터 부여된 애칭이었다. 가이우스는 처음에는 그때까지의 티베리우스의 어두운 분위기를 몰아내고, 곡물의 무상 배급이나 정치범의 석방 등, 민심을 끌어당기는 정책을 펼쳤다. 그러나 즉위하고 나서 7개월 뒤에 중병에 걸렸고, 일단 회복은 했지만 선천적인 정신이상이 나타나면서 험악해지기에 이르렀다(『유대 고대지』 18:256 참조). 가이우스는 전쟁의 영광을 원하여 게르마니아로 군대를 진격시켰지만 별다른 공적을 올리지는 못했다. 또한 그는 자신이 현인신現人神이라는 망상에 사로잡혀, 자신에 대한 예배를 요구하고 나섰다.

그 무렵, 알렉산드리아에 주재하는 유대인에 대한 정책 완화를 요구하러 알렉산드리아에서 유대인 대표단이 로마에 도착했다. 일행의 대표자가 유명한 철학자 필론이다. 그들은 가이우스 황제와 회견했지만, 소기의 목적을 달성하지 못하고 알렉산드리아로 돌아왔다(필론 〈가이우스 사절단〉, 『유대 고대지』 18:259 이하 참조).

이 시점에서 실은 율리우스 카이사르 이래 로마의 황제와 유대인 간의 우호적 관계에 처음으로 균열이 생긴 것이다. 자신에 대한 예배를 요구한 가이우스의 광기는 예루살렘에도 미쳤다. 즉 가이우스는 야브네에서 유대인이 황제 예배용의 제단을 파괴한 것에 대한 복수로서, 하필이면 자신의 황금상을 세울 것을 요구한 것이다.

이 명령을 실행하기 위해 시리아의 총독인 P. 페트로니우스가 남하했는데, 프톨레마이스에서 유대인 —특히 갈릴래아의 독립 자영 농민— 직소直訴단이 그를 기다리고 있었다. 그들과의 교섭은 40-50일이나 걸렸다. 결국 페트로니우스는 뜻을 꺾고 가이우스 황제에게 명령을 철회할 것을 제언하는 편지를 썼다. 한편 로마에서는 당국과 연줄이 깊은 헤로데 아그리파 1세가 가이우스와 면담해 설득에 성공한 듯하다.

그러나 그 상황에서 페트로니우스의 편지가 도착했고 그것을 읽은 가이우스는 격노했다. 가이우스는 페트로니우스에게 따르지 않는 자는 죽음으로 갚아주라고 편지를 썼으나 그 편지가 페트로니우스한테 도착하기 전에 가이우스는 이집트에서 암살되고 말았다(『유대 고대지』 18:261-309). 그의 친위대의 한 장교와 그 일파가 손을 쓴 것이었다. 기원후 41년 1월의 일이었다(『유대 고대지』 19:14-114).

클라우디우스 황제의 통치

가이우스가 죽은 뒤, 원로원은 공화정의 부활을 검토했지만, 그사이에 친위대가 티베리우스의 조카로 가이우스의 숙부인 클라우디우스를 제위에 추대했다(재위 41-51). 두 사람을 중개한 것이 헤로데 아그리파였다. 그로 인해 아그리파는 클라우디우스의 즉위 뒤 유대와 사마리아의 영지를 받았다.

클라우디우스는 제위에 올랐을 때 이미 오십을 넘긴 나이였다. 그는 아내들과의 관계에서는 계속해서 비참함을 맛보고 배신당했지만, 행정적으로는 특유의 지혜와 수완을 발휘했다. 이러한 클라우디우스를 실제로 보좌한 것은 몇 명의 해방 노예들이었다(황제 금고 장관 팔라스, 문서 기초관 나르키수스, 탄원 수리관 칼리스투스). 그러한 그들을 중심으로 클라우디우스는 관료적 통치를 조직하고 촉진시켰다. 그로 인해, 황제 금고나 직할 총독제, 곡물 배분, 우편 제도 등이 정착되어 제국의 기초는 한층 더 견고해졌다.

또한 클라우디우스는 속주 통치에 많은 관심을 기울였다. 브리타니아에는 기원후 43년 A. 플라우티우스를 파견해 잉글랜드 남부를 정복해 속주 브리타니아로 삼았다. 그와 함께 기원후 43년경부터 론디니움(나중의 런던)의 식민이 시작되었다. 44년은 클라우디우스 황제 자신이 브리타니아로 건너가 전투를 지휘해(브리타니아로 건너가는 데만 6개월이 걸렸고 전투는 불과 16일이었지만), 전승 기념행사를 거행했다. 다만 실제의 브리타니아 전투는 47년경까지 이어졌다. 또한 기원후 43년, 리키아와 팜필리아(터키 반도 중남부의 지중해 연안 지방)가 로마의 속주로 더해졌다.

2. 유동화하는 팔레스티나

필리포스의 죽음

헤로데의 영토 중, 북 트랜스 요르단 지방을 물려받은 필리
포스는 기원후 34년에 죽었다. 그 뒤 그의 영지는, 한때 로마에
의해 속주 시리아로 병합되었으나, 37년경에 헤로데 대왕(및
마리암네 1세)의 손자인 헤로데 아그리파 1세에게 다시 부여되
었다.

헤로데 안티파스의 몰락

헤로데 안티파스가 나바테아 왕국의 아레타스 왕과 교전 상
태에 들어가, 기원후 36년경 패배했다는 것은 앞에서 언급했
다. 흥미로운 것은 이 사건이 많은 유대인들에게는, 안티파스
가 요한을 처형한 것에 대한 신의 복수로 비쳤다는 것이다(『유
대 고대지』 18:116, 119). 사람들은 왕에게 요한의 저주가 내린
것으로 본 셈이다.

안티파스는 이 패전을 티베리우스 황제한테 호소했다. 분노
한 티베리우스는 시리아 총독 L. 비텔리우스에게 아레타스 토
벌을 명했으나, 얼마 안 있어 티베리우스가 죽고 말아 비텔리
우스는 시리아로 철수했다. 이것은 티베리우스의 죽음과 동시
에, 헤로데 안티파스의 운명도 다했다는 것을 의미했다. 그의
아내 헤로디아는 헤로데 아그리파가 왕이 되어 북 트랜스 요

르단을 손에 넣은 것을 질투해서, 남편을 교사해 새 황제 가이우스의 환심을 사도록 로마로 가게 했다. 그러나 이미 아그리파에게 호의적이었던 가이우스는 아그리파의 요청도 있어서, 안티파스가 파르티아인과 손잡고 반역을 계획하고 있다고 의심해, 오히려 안티파스를 그의 처 헤로디아와 함께 갈리아(내지는 스페인)로 추방해버렸다. 그들의 재산과 영토는 아그리파에게 주어졌다(39년). 안티파스와 헤로디아는 유형지에서 생을 마감했다(『유대 전기』 2:181-183, 『유대 고대지』 18:240-255).

필라투스의 실각

유대에서는 총독 폰티우스 필라투스의 지배가 이어졌다. 그가 예수를 처형(30년경)한 뒤 그의 후원자인 세이아누스가 실각했지만(31년), 필라투스 본래의 횡포는 쉽게 위축되지 않았다. 그는 35년경, 게리짐 산에 오르려 했던 사마리아인들을 기병과 보병을 보내 대량 학살했고, 체포한 자들의 주모자들을 처형했다. 이 사건은 어느 사마리아인이 게리짐 산에 모세가 숨겨 놓은 성스러운 기물을 보여주겠다고 약속한, 즉 자신이 종말의 메시아라고 선전하기 위한 것이었는데, 필라투스는 거기에서 반역의 냄새를 맡고 선수를 쳐 진압한 것이었다.

하지만 이것이 필라투스의 운을 다하게 했다. 사마리아인들은, 이 필라투스의 무력 탄압을 시리아 총독 비텔리우스한테 탄원했다. 그에 대해 비텔리우스는 필라투스한테, 황제께 해명하기 위해 로마로 갈 것을 명령했다. 그리고 필라투스를 대신해, (대리)총독인 마르켈수스(재직 36-37)를 유대로 보냈다. 필라투스는 실각했다(『유대 고대지』 18:85-89).

헤로데 아그리파 1세

여기에 헤로데 아그리파 1세에 관하여 정리해 서술하자면, 그는 헤로데와 그의 아내 중 한 명인 하스몬가의 마리암네 1세 사이의 아들 아리스토불로스(기원전 7년 처형)의 자식이었다. 그는 어렸을 때 로마로 보내져 티베리우스의 아들 드루수스와 함께 자랐다(『유대 고대지』 18:143). 나아가 훗날의 황제 가이우스와 친구가 되어, 그와의 관계 덕분에 필리포스가 죽고 나서 얼마 뒤 가이우스 황제로부터 북 트랜스 요르단을 영지로 받았고 왕의 칭호도 부여받았다(기원후 37년경).

그 뒤 아그리파는 헤로데 안티파스의 영지였던 갈릴래아와 페레아도 부여받았다(39년). 나아가 그는 기원후 41년, 로마에서 가이우스 황제의 후계를 둘러싸고 원로원과 친위대가 대립했을 때, 양자 간의 중개역을 맡았고, 클라우디우스가 제위에 오르는 데 도움을 주었다. 그로 인해 아그리파는 클라우디우스 황제로부터 유대와 사마리아를 영지로 받았다. 이렇게 해서 유대에 대한 제국의 속주 지배가 정지하고, 아그리파는 이전의 헤로데 대왕의 영지와 거의 같은 규모의 국토를 가진 왕으로 군림하게 되었다.

아그리파는 또한 ―예루살렘의 유대인들을 기쁘게 하기 위해서였는지― 예루살렘의 제3성벽 건설을 계획해 그 토대를 쌓았는데, 시리아 총독 마르수스(재직 42-44년)가 클라우디우스 황제에게 이 공사에 관하여 보고했기 때문에, 반역의 가능성을 우려한 황제는 아그리파에게 공사의 중지를 명했다. 이 성벽은 완성되었다면 '인력으로는 파괴 불가능할 정도로 견고'한 방벽이 되었을 것이라고 전해진다(『유대 고대지』 19:326-327). 또한 이 성벽은 유대 전쟁이 시작된 뒤인 66년, 서둘러 완성되었다(『유대 전기』 5:152).

아그리파의 통치의 중요한 토대는, 로마 황제 및 고관들과의 교우 관계였다. 또한 그는 유대인에 대해서는 하스몬가의 후계자로 통했고, 스스로도 유대인들의 평가와 환심을 얻기 위해 모든 힘을 기울였다. 예루살렘의 주민들 앞에서는 율법도 충실히 지켰다. 실제로 이 몇 년간 유대는 표면상으로는 평온했다.

그러나 아그리파는 기원후 44년, 카이사리아에서 연극을 관람하던 중 급성복막염으로 의심되는 병이 덮쳐 5일 동안 괴로워하던 끝에 목숨을 잃고 말았다(『유대 고대지』 19:343-353). 그 뒤 유대는 다시 로마의 속주가 되어, 총독으로 C. 파두스(재직 44-46)가 임명되었다. 또한 이때부터 유대 총독은 '프로쿠라토르procurator'(관리관)로 불리기 시작했던 듯하다. 어찌됐든 유대는 이 무렵부터 서서히, 하지만 확실히 멸망의 길을 걷기 시작한다.

유대의 불온화

파두스에 의한 단기간의 치세는 표면상으로는 평온해 보였지만(『유대 전기』 2:220), 그 배후에서는 문제가 다시 한 번 타오르려 하고 있었다. 동 요르단에서는 그 지역의 유대인들과 필라델피아의 주민들 사이에 경계 문제를 둘러싸고 충돌하는 사건이 일어났다. 파두스는 그 사건에 무력으로 개입했다(『유대고대지』 20:2-4). 또한 테우다스Theudas라는 자가 등장해, 스스로를 재림한 모세 내지는 여호수아적인 예언자로 간주하고, 요르단 강을 둘러 나눠 사람들을 건너게 하겠다고 공언해서 다수의 군중을 결집시켰다. 파두스는 그들 무리를 기병대로 급습하여 살육과 포박으로 운동을 괴멸시켰다. 테우다스 자신도 사로잡혀 참수당했다(『유대 고대지』 20:97-99, 〈사도행전〉 5:36). 하나의 카리스마적 메시아 운동의 좌절이다. 또한 이 외에도 이두매나 유대에서의 '도적'이 일소되었다고 전하는데(『유대고대지』 20:5), 이것은 반체제적 경향의 소동이었을 가능성도 있다.

또한 파두스는 유대인에 대한 총독의 감찰을 강화하기 위해, 대사제의 예복을(아그리파 시대 이전과 마찬가지로) 다시 로마인의 관할로 놓으려 했지만, 유대인이 황제 클라우디우스에게 직소하기에 이르러, 이것의 실현이 저지되었다(『유대 고대지』 20:6-14). 또한 황제는 대사제의 임명권, 거기에 예루살렘 신전과 그 재산의 관리권을, 레바논 협곡의 카르키스 성읍을 통치하고 있던 아그리파 1세의 형인 헤로데에게 넘겼다(45년, 『유대 고대지』 20:15).

제2절 **유대교 예수파**

1. 예루살렘 원시교회

발생

유대교 예수파 운동은 이러한 여러 사건이 뒤섞여 엉킨 가
운데 다시 불타올랐다.

나사렛 예수가 십자가 위에서 처형되고 나서 며칠 뒤, 즉 기
원후 30년 봄 유월절 직후, 그를 따라 예루살렘까지 올라온 뒤,
절망 속에서 뿔뿔이 흩어졌던 예수의 동지들에게 이변이 생
겼다. 그들에게 예수가 '나타났다'(《1코린토》 15:4 이하의 바울로
가 인용한 전승 참조). 요컨대 살해된 예수가 불가사의한 형태로
'살아 있다'는 것을 그들은 체험했다고 한다. 이 이른바 하나의
신비 체험을 처음으로 경험한 것은 남자인 베드로나 여자인

막달라 마리아이다.

그 뒤 이 특수한 체험은 일정의 연쇄 반응을 낳았다. 그것은 얼마 안 있어 '한 번에 오백 명 이상의 형제들에게'(〈1코린토〉 15:6) 체험되었다고까지 —필시 과대하게 과장되어— 전해진다. 이러한 '현현顯現' 사건의(최초의?) 중요한 장소 중 하나가 갈릴래아라는 것은 부정할 수 없지만(〈마르코〉 14:28, 16:7, 〈마태오〉 28:16-20, 〈요한〉 21장), 예루살렘과 그 근교를 완전히 배제할 수도 없다(〈마태오〉 28:9-10, 〈루카〉 24:13-53).

거의 확실한 것은, 이 몇몇 사람의 체험과 보고가 예수의 운명에 대한 활발한 해석 활동을 유발했다는 것이다. 그중에 대표적인 것이 '하느님께서 예수를 죽은 자들 가운데서 다시 살리셨다'(〈로마〉 10:9, 〈사도행전〉 2:24 그 밖에도 무수히 나오는 전승의 정식)는 해석이었다. 이것이 이른바 '부활' 표상의 기원이다. 그리고 그들은 이것을 자신들이 예수를 배신한 것에 대한 용서로서도 이해한 것이다. 이 체험과 그에 대한 해석을 둘러싼 일련의 사건—이것을 '예수 사건'이라고 부르고자 한다—은 절망 속에 있던 자들을 문자 그대로 다시 살아나게 한 것이었다(연구자 중에는 가장 오래된 핵核으로서 이러한 체험의 레벨을 상정하는 것에 부정적인 사람도 있지만 오히려 설득력이 떨어진다고 생각된다).

그들은 이윽고 예루살렘에 집결하고, 여기에서 '예루살렘 원시교회'가 세워진다. 예루살렘에 모인 첫 번째 이유는 그곳이 이스라엘의 성지이고, 종말의 역사는 거기에서부터 시작된다는 생각에 의거한다. 또한 동시에 그들에게는 예루살렘에 그들을 이끌고 왔던 예수의 가르침을 이어받는다는 의도도 있었을 것이다. 심리학적으로 보면, 그들은 그렇게 결합하는 것에 의해, 자신들이 예수를 배반해 저버리고, 죽음에 이르게 했다는 부담을 짊어지면서, 그에 대한 '추모의 작업'(지크문트 프로이트)을 개시한 것이다.

부활절 사건만 갖고서는 아마도 예수의 죽음의 충격을 진정으로 내적으로 해결할 수는 없었을 것이다. 오히려 부활절 사건이 뒷받침되어서 비로소 진지한 '추모의 작업'이 시작되었다고 볼 수 있다. 예수를 '메시아'('기름 부어진 자'란 뜻으로 이스라엘의 구세주를 의미한다. 그리스어로는 '크리스토스')라고 고백하는 것이나, '우리의 (죄로) 인해'라는 정식定式의 탄생 및 예수의 수난 이야기의 최고형最古形(〈마르코〉 14-15장에 편집되어 있다)의 성립은 아마도 이러한 추모 작업적 행위에 심리적인 공간이 있었을 것이다.

이 원시교회를 처음에 이끈 것은 '열두 명'이었다. 이 '열두 명'의 서클에서 맨 처음 탈락한 것은 아마도 유다 이스카리옷일 것이다. 그가 예수의 처형 이전에 목매달아 죽었다는 것은 마태오적인 전설이지만(〈마태오〉 27:5), 〈사도행전〉의 기술을 따라도 유다는 상당히 이른 시점에 급사한 듯하다(〈사도행전〉 1:18). 그것이 언제인지는 알 수 없다. 어찌됐든 〈사도행전〉에 의하면 마티아라는 인물이 유다의 후임으로 임명되어 '열두 명' 체제가 유지되었다고 한다(〈사도행전〉 1:26).

다만 교회라고 해도, 현재와 같은 교회당을 연상하는 것은 맞지 않는다. 초창기에는 거의 모든 교회가, 또한 기원 3세기에 이르기까지는 적지 않은 교회가 가정에 자리 잡은, 이른바 '가정 교회house church'였다. 예루살렘에서는 마르코라고 불린 요한의 어머니 마리아의 집이 이름 높았다(〈사도행전〉 12:12). 이러한 가정 교회가 몇 개인가 모여 예를 들어 '예루살렘 교회'라고 하는 통합체를 형성했을 것으로 생각된다.

예루살렘 교회의 분열

그러나 예루살렘 교회에는 이윽고 커다란 전기가 다가온다. 시간이 흐름에 따라, 지금까지의 '열두 명'에 의해 인도되던 사람들과는 다른 경향의 사람들이 부각된다. 디아스포라 출신으로, 그리스어를 말할 수 있고, 헬레니즘적 생활을 영위하는 이른바 '헬레니스타이'라고 불린 사람들이다. 그들은 복음을 파악하는 방식이 보다 급진적이고, 율법 비판, 신전 비판으로까지 이르렀던 듯하다. 그로 인해 유대교 주류파의 반발을 사 박해받기에 이른다. 그들의 지도 그룹이었던 '일곱 명' 중 필두인 스테파노스는 사람들의 돌에 맞아 참살되었고, '헬레니스타이'의 대부분은 예루살렘에서 쫓겨나고 말았다(〈사도행전〉 6:1-8:3 참조, 32년경).

루카의 기술에 의하면 그 뒤 '일곱 명' 중 한 명인 필리포스는 사마리아 및 해안 지방으로 전도했고, 그 밖의 사람들은 해안을 북상하면서 페니키아 지방, 키프로스 섬 및 시리아의 수도 안티오키아에까지 이르렀다고 한다(〈사도행전〉 11:19). 이방인도 시야에 넣은 적극적인 전도 활동은 이들이 효시로 여겨진다.

바울로의 회심

이러한 '헬레니스타이'이면서 예수파인 자들을 이스라엘의 신 및 그 율법을 무시하는 불구대천의 적으로서 박해했던 사람이 킬리키아의 타르소스 출신인 바리사이파 사울Saulos(그리스 명은 Paulos)이다. 그러나 그 박해 과정에서 ─전승에 의하면 다마스쿠스 부근에서─ 그는 극적인 체험을 하고, 일전해서 예수 그리스도 신봉자로 변하기에 이르렀다(〈사도행전〉 9:1 이하, 33년경). 바울로의 이 사건은 그 뒤 예수파의 발전에 결정적인 영향을 미치게 되었다.

이것을 보통은 바울로의 '회심'이라고 부르는데 이것이 꼭 정확한 표현은 아니다. 바울로는 결코 그때까지와는 다른 신 혹은 종교로 갈아탄 것이 아니었다. 바울로에 있어서 '신'은 전혀 바뀌지 않았다. 오히려 그 '신'의 완전히 새로운 차원의 구원의 행위─바로 예수의 십자가 죽음─로 눈이 열린 것이다. 그 결과, 행동으로서는 그때까지 자신이 박해해왔던 사람들과 같은 편에 선다고 하는 역전이 생긴 것이다.

이 사건이 있고 얼마 안 있어 사울 즉 바울로는 이미 아마도 전도를 목적으로 다마스쿠스에서 남쪽으로 내려가 나바테아 왕국의 영역으로 들어갔다(〈갈라티아〉 1:17). 당시 갈릴래아 영주 헤로데 안티파스와 교전 상태에 있었을 나바테아의 아레타스 왕 당국은 적국 갈릴래아 출신의 예수라는 남자를 구세주로 선전하는 바울로를 위험인물로 생각했는지 바울로를 쫓아냈고, 그가 다마스쿠스로 돌아온 뒤에도 체포하려고 시도했다. 바울로는 '광주리에 담겨 성 밖으로 달아 내려져' 탈출했다고 한다(〈사도행전〉 9:23-25, 〈2코린토〉 11:32-33). 요약하자면 바울로의 감동에 사로잡혀서 시작된 최초의 '전도' 활동은 그다지 성공을 거두지 못했던 것으로 생각된다.

그 뒤의 바울로

이삼년 후인 35년경, 바울로는 (몰래?) 예루살렘으로 가, 보름에 걸쳐 예루살렘 교회의 책임자인 베드로로부터 사적인 집중 인터뷰를 받았다. 이 무렵이 되어서는 같은 교회에 참가하고 있던 예수의 동생 야고보와도 개인 면담을 가졌다(〈갈라티아〉 1:18-19). 이것은 그리스도 예수파 운동의 근원에 자신을 연결시키고, 또한 예수에 관한 사실 및 그의 언어 전승을 직접 듣기 위한 방문이었을 것이다.

그 뒤 바울로는 잠깐 고향인 타르소스로 돌아갔던 듯한데

(〈사도행전〉 9:30, 〈갈라티아〉 1:21 참조), 얼마 안 있어 아마도 '헬레니스타이'의 한 사람으로, 안티오키아에서 성립된 교회의 지도자 바르나바에게 스카우트되어 그 교회에 참가하기에 이르렀다. 그곳에서 연구와 활동을 시작한 바울로는(〈사도행전〉 11-25-26, 〈갈라티아〉 1:21 참조), 이후 10년 이상에 걸쳐 그곳을 본거지로 삼는다. 또한 이 지역에서 예수를 그리스도로 섬긴 자들은, 주변으로부터 '그리스도인Christianoi'이라고 불리기 시작했다고 전하는데(〈사도행전〉 11:26), 이것은 최근의 연구로는 60년대 후반의 일로 30년대의 사실은 아니다. 그러나 안티오키아 교회가 예수파의 일대 거점이 되었다는 사실은 분명하다.

그 뒤의 예루살렘 교회

얼마 안 있어 예루살렘 교회도 변모하기 시작한다. 아마도 기원후 40년 전후 무렵부터는 그때까지의 '열두 명'에 의한 지도 체제가 해소되었다. 커다란 원인의 하나는 '열두 명'의 다수가 ―혹은 각각 방랑의 전도 여행에 나섰거나, 혹은 예루살렘 교회의 노선에서 벗어났거나― 아마도 더 이상 예루살렘에 정주하고 있지 않았다는 것에 있을 것이다. 그러면 '열두 명'을 대신한 체제로서, 베드로, 제배대오의 아들인 야고보와 요한, 거기에 예수의 동생인 야고보 네 명으로 구성된 지도층이 자리를 잡았을 것으로 상정된다.

그러나 이 네 개의 '기둥'(〈갈라티아〉 2:9) 체제에 42/43년경 충격이 가해진다. 팔레스티나에서 경건한 유대교도를 가장했던 헤로데 아그리파 1세가 예루살렘 교회를 박해했기 때문이다. 박해한 이유에 대해서는 명확하지 않지만, 예루살렘 원시 교회가 이방인에게까지 문호를 열었다고 하는 보고(〈사도행전〉 10장의 코르넬리우스 이야기의 배후 전승 참조)나, 거기에서 나간 안티오키아 교회가 과도할 정도로 개방적인 선교를 하고 있는 양상을 알게 되어, 민족주의적인 적의敵意가 예루살렘 교회로 모아졌기 때문일지도 모른다. 그렇다고 한다면, 이 교회에 대한 박해에 '유대인들이 기뻐했다'(〈사도행전〉 12:3)는 것도 이해가 된다.

어찌됐든, 그 박해의 결과 제배대오의 아들인 야고보가 참살되었다. 베드로도 체포되었지만 기적적으로 탈출할 수 있었다(〈사도행전〉 12:1 이하). 이렇게 해서 '기둥'의 하나가 꺾였다(〈갈라티아〉 2:9의 세 명의 '기둥' 참조). 조직을 재편성할 수밖에 없었던 교회 안에서는, 좀 더 율법에 엄격하고, 유대 세계와의 마찰이 적었고, 또한 예수의 동생으로서 카리스마성도 보유하고 있던 '주의 형제' 야고보의 지위가 급속히 높아졌다. 한편 이것과 나란히 베드로는 우선 아그리파 1세의 눈을 피해 달아나, 아그리파 사후에는 많은 시간을 팔레스티나 순회 전도에 들였던 듯하다(〈사도행전〉 12:17, 〈갈라티아〉 2:8).

예루살렘 교회 외에도, 유대교 예수파는 서서히 뿌리를 뻗어갔다. 제국의 수도 로마에도 적어도 40년대 전반까지는 유대교 회당 내부 내지는 외연 부분에 예수파 사람들이 존재했던 것 같다.

2. Q전승 집단

예루살렘 원시교회 및 거기에서 파생한 안티오키아 교회 등의 '헬레니스타이'와는 독립해서, 예수의 어록을 중심으로 전승傳承한 하나의 중요한 그룹이 존재했다는 것은 거의 틀림이 없다(하지만 이 '독립'은 상대적인 것으로, 완전한 단절을 의미하지는 않는다). 이 '어록 전승'은 일반적으로 'Q문서'(영어 Q-Document, 혹은 Q자료라고도 한다. Q는 독일어 Quelle(자료)의 두문자頭文字)라 불리며, 원칙적으로는 〈마태오 복음서〉와 〈루카 복음서〉에만 공통으로 나타나는 언어(따라서 기본적으로 그것들은 〈마르코 복음서〉에는 등장하지 않는)를 더듬어 나감으로써 대부분 재구성될 수 있다. 유명한 '행복하도다, 가난한 사람들'(〈루카〉 6:20 및 〈마태오〉 5:3, 이하 한 곳의 출처만 표시하고 '병행'으로 표시한다), '걱정하지 마라'(〈루카〉 12:22 이하 병행), '좁은 문으로 들어가라'(〈마태오〉 7:13 병행) 등 사람들의 입에 많이 오르내리는 수많은 말이 이 문서에 정리되어 있고, 그 범위는 세례자 요한의 언어(〈마태오〉 3:7 이하 병행)부터 시작해, 예수의 종말에 관한 언어의 집적(〈루카〉 17:23 이하 병행) 부근까지 미쳤다고 생각된다.

이 문서가 이러한 형태에까지 도달한 것은, 아마도 기원후 60년대 전반 무렵일 텐데, 이 집단의 전승 활동이 시작된 것은 초창기인 30년대까지 거슬러 올라간다. 그것을 기록한 사람들은 예수의 언어를 직접 들을 수 있었던 사람들이었기 때문에, 예수와 가장 가까이 있었던 사람들 외에는 있을 수 없다(이른바 '열두 명'과의 관계가 문제시되는데, 예수의 최측근들이 '열두 명'에 한정되지 않고, 게다가 '열두 명'의 그룹 자체가 상당히 조기에 해소되었다는 것을 생각하면, 인적인 중복조차도 있었을 가능성이 충분하다). 그들은 우선 생전의 예수의 가르침을 계승해, 그의 말을 전하고, 선교 활동을 계속했다. 하지만 이것은 동시에, 그들에게는 하늘로 올라가 거기에서 영적으로 그들에게 임재해 있는 예수의 뜻을 관철하는 것과 떼려야 뗄 수 없는 사태이기도 했다. 때로는 그 예수가 그들에게 이른바 빙의해서 언어를 재창조하는 현상도 있었던 듯하다.

결국 Q자료의 '예수 어록'은 반드시 전부 지상에서의 예수의 말을 모은 것은 아니다. 그러한 그들은 이스라엘 전도의 대의 아래, 전 국토를 방랑하며 선교하고 다녔던 것으로 생각된다(〈루카〉 10장 병행). 동시에 그러한 그들을 정주定住의 자리에서 후원하고, 또한 인적 공급도 했던 그룹이 있었던 게 틀림없고, 이 집단은 방랑자, 순회자들과 정주 지원 그룹의 이극 체제를 이루고 있었을 것이다. 그러나 그 지리적 중심은 분명히 갈릴래아에 있었을 것이다.

이 집단이 상대적으로 독립된 전승권을 이루고 있었다고 생각되는 이유는, 그 강렬한 종말 기대, 이스라엘에 대한 선교의 집중(이방인 전도는 고려에 없었다), 예수에 대한 '사람의 아들' 고백('그리스도'라는 명칭은 나오지 않는다), 그리고 시간이 흐르면서 깊어가는 전도에 대한 좌절감과 '박해받는 예언자'로서의 자기 이해, 이스라엘 단죄의 모티프 등이다. 나아가 Q문서에는 수난 이야기가 존재하지 않고, 또한 '……의 (죄)를 위해'라고 하는 이른바 '속죄' 정식도 결여되어 있는 점이 주목된다. '부활'(정확히는 '일어난 일')이라는 표상도 확인되지 않는다. 이러한 점들에서 현재 대부분의 연구자는 Q문서의 배후에, 그것을 이끈 독자 집단을 상정하고 있는 것이다.

Q문서 전체를 보면 예수가 —마치 엘리야(〈열왕기하〉 2:9 이하)나 에녹(〈창세기〉 5:24)처럼— 죽음을 넘어서 하늘로 올라가 지금도 '살아 있다'고 하는 관념은 흔들리지 않는 전제가 되어 있다. 애초에 죽음을 뛰어넘은 예수를 표상하는 방식이, 후대 사람들의 생각만큼 일정하지는 않았다는 증거이다. 또한 Q문서의 기록자들은 예루살렘 교회의 사람들보다도 더 한층, 지상에서의 예수의 방랑 전도를 따르고, 죽음을 무릅쓰고 그의 뒤를 따르고, 그 비극적인 예언자의 운명을 모방하려고 하는 에토스가 강렬하게 지배했다. 결국 여기에는 예루살렘 교회의 멤버들과는 약간 다른 유형의, 그러나 마찬가지로 깊은 숙고의 '추모 작업'의 모습이 존재한다고 생각되는 것이다.

3. 전前 마르코 전승 집단

또 하나의, 일정 정도 독자성을 지닌 느슨한 전승권을 형성했다고 상정되는 것은 〈마르코 복음서〉의, 그중에서도 '기적 이야기' 전승을 중심적으로 이끈 집단의 존재이다. 그것의 핵에는 치유 기적이 있다. 예를 들어 '나병 환자의 치유'(〈마르코〉 1:40-45), '중풍 환자의 치유'(2:1-12), '악령 들린 남자의 치유'(5:1-20), '열두 해 동안 하혈증을 앓던 여자의 치유'(5:25-34), '귀먹은 반벙어리의 치유'(7:32-37), '악령에 사로잡힌 아이의 치유'(9:14-29) 등 인간의 극한적인 고뇌 상황에서 벗어나게 한 치유가 테마이다.

거기에 종말론적 의식이 결여되어 있다는 것, 많은 경우 가족, 친족이 환자의 중요한 버팀목이라는 것, 예수의 기적의 힘에 대한 신뢰가 칭찬을 받고, 치유의 장에 대한 대담한 접근이 적극 권장되고 있다는 것 등을 고려하면, 정주하고 있는 가족적 공동체 내지는 공동체적 연대가 상정될 수 있다. 또한 예루살렘 교회의 특징이라고 생각되는 '부활'이나 '속죄'라고 하는 사상, 및 Q전승 집단에 고유한 이스라엘 단죄나 예언자의 운명과의 자기 동화 등도 확인할 수 없다. 그들은 애초에, 아마도 예수의 최측근에 있던 자들이 아니고, 원래는 예수로부터 치유받은 체험을 지닌 일반 민중 내지는 빈곤층이었을 거라고 생각된다. 또한 애초에 이것이 어느 정도 '교회'라고 말할 수 있는 결합체였는지도 의심스러운 채로 남아 있다. 다만, 지리적인 결집 지역은 치유 이야기의 소재로 볼 때 갈릴래아나 그 주변일 것으로 생각되기 때문에, 그 점에서는 Q문서의 전승을 이어받은 자들의 중심적 활동 영역과 일부 중복되는 지역에 근거를 두었을 가능성이 있다.

4. 유대교 예수파의 다양성

이렇게 보면, 초창기 예수파 운동 자체가 상당한 다양성을 지니고 있었다는 것을 알 수 있다. 어떠한 형태로 나사렛 예수에게 지금 다시 유효한 위력을 돌리고, 그러한 예수에게 그들의 운명을 결정하는 의의를 인정했다는 점에서는 공통되지만, 그것은 결코 교의적으로 통일되어 있었던 게 아니고, 또한 조직적으로 일원화되어 있었던 것도 아니다. 다만 현재의 우리로서는, 교회의 초창기 모습을 묘사한 것으로서는 복음서 기자記者 루카가 이상화해서 그린 〈사도행전〉밖에는 없기 때문에, 자칫하면 예루살렘 원시교회와 거기에서 자연스럽게 전개된 운동밖에는 없었던 것처럼 착각하기 쉬운 것이다. 〈사도행전〉의 전승조차, 상세히 관찰해보면 결코 평화적이면서 자연스러운 운동의 전개를 입증하지는 않고, 또한 그 밖의 전승이나 문서 등을 검토해보면, 초창기 예수파의 다양한 성격과, 그 복합성으로 인해 오히려 풍부함이 떠오르게 되는 것이다.

5. 예수와의 연속성과 비연속성

그렇다고 한다면, 이러한 예수파의 여러 운동이, 얼마만큼 나사렛 예수의 진정한 가르침을 계승한 것인가도 물을 수 있을 것이다. 실제로는 예수 안에 있던 강렬한 사회적 참여에 대한 지향과 그것의 ―열광적이라고도 할 수 있는― 공생의 비전을 현실화하는 에너지는, 원래의 강도대로는 주변 사람들에게 계승되지는 않았다고 보는 게 타당할 것이다. 또한 예루살렘 신전 체제에 대한 격렬한 비판성은, 어느 정도 '헬레니스타이' 사람들의 생각이었을 것으로 상정되지만, 그 외에는 그다지 뚜렷하게 드러나지 않는다. 예루살렘 원시교회에서는 살아남기 위해서 오히려 반대로 신전 존중의 태도로 돌아선 것 같다(〈사도행전〉 3:1 등). 그리고 예수파 운동의 전반에 걸쳐, 많든 적든 예수 자체가 그들의 선교의 중심으로 이행해, '선교하는 자[예수]가 선교되는 자로 변했다'(R. 불트만)고 하는 사태가 발생한 것이다. 예수의 적극적인 초월화 프로세스의 개시이다.

이것은 예루살렘 원시교회에 가장 타당하다. 확실히 그들이 예루살렘에서 결합한 심리학적 동기가 예수를 배반하고 그를 홀로 죽게 만든 그들의 부채감에 대한 보상 행위라는 것을 생각하면, 이 예수를 초월화시키려는 경향도 충분히 이해 가능하다. 다만 이미 이 시점에서, 그들이 가르침을 이어받으려 했던 예수라는 인물이 품었던 관심이나 사명과, 그들 자신의 관심 및 사명과의 사이에, 중대한 어긋남이 생겨났다는 것도 간과해서는 안 된다. 게다가 ―종교학적으로 보면― 예수를 초월화하는 것이, '초월'의 주체를 예수라는 인물로 배타적으로 동정同定해, 결국 예수 자신의 신격화를 가속화해 가는 구조를 가진 프로세스라는 것도, 눈여겨보지 않으면 안 될 것이다.

제3장 | 바울로의 전도 활동과 팔레스티나 유대교의 멸망(기원후 45 – 70년경)

　로마 제국에서는 원수가 클라우디우스에서 네로로 바뀌었고, 네로의 상궤常軌를 벗어난 우행과 함께 제국의 규율이 흐트러지기 시작한다. 그것이 다시 한 번 바로잡힌 것은 제1차 유대 전쟁에서 싸운 베스파시아누스가 원수가 되고 나서이다. 유대에서는 반로마적인 소요가 거의 항상 일어나고 있었고, 이윽고 네로 황제 치세에 괴멸적인 대對 로마 전쟁에 돌입한다.

　한편 유대의 상황이 하루하루 악화되어 가는 가운데, 유대교 예수파의 급선봉이었던 사도 바울로는 그의 최대한의 정력을 이방인 전도에 쏟고, 이윽고 예루살렘에서 체포되어 로마에서 목숨을 잃는다. 그 밖의 예수파 인물들도 성지의 암운이 급박해오는 가운데, 제각각 고통의 결단에 내몰리게 된다.

제1절 **예수파의 활동을 둘러싼 세계**

1. 로마 제국의 좌절

클라우디우스의 치세

클라우디우스 황제(재위 기원후 41-54)는 영토 확장 정책을 계속해서, 47년에는 트라키아(마케도니아와 흑해 사이의 지역)를 속주로 병합하고, 도나우 강 남쪽 지역을 제국령으로 삼았다. 브리타니아에서는 반란이 일어났지만 총독 P. 오스토리우스(재직 47-51)의 활약으로 진압에 성공했다.

그러나 카이사르 가문 안에서는 치정과 전횡이 끊이지 않았다. 클라우디우스의 세 번째 부인인 메살리나는 남편을 완전히 깔고 뭉개고 불륜의 정사에 몰두함과 동시에, 그 엄청난 권력욕으로 인해 수많은 인물을 자의恣意적으로 죽음으로 몰아

넣었다. 이윽고 그녀의 심리적 광기는 애인인 귀족 시리우스와 결혼을 단행해(이미 클라우디우스의 아내였으므로 이중결혼) 클라우디우스를 없애려고 계획하기에 이르렀고, 해방 노예인 나르키수스의 손에 떨어져, 그의 지시로 기원후 48년 처형되었다.

이듬해인 49년 클라우디우스는 가장 신뢰하던 해방 노예 팔라스의 권유로 게르마니쿠스의 딸인 소아그리피나와 네 번째 결혼을 한다. 이것은 숙부와 조카딸의 결혼으로 일종의 근친상간이었지만, 세평을 억누르는 형태로 강행되었다. 이렇게 되자 천하는 서서히 아그리피나의 수중에 들어가게 되었다. 그 이듬해, 우선 아그리피나는 클라우디우스를 졸라서 자식인 네로를 양자로 받아들이게 했고, 이윽고 클라우디우스의 친아들(메살리나와의 사이에서 얻은) 브리타니쿠스보다 왕위 계승 서열의 상위에 오르게 했다. 나아가 네로와 클라우디우스의 딸로 브리타니쿠스의 누나인 옥타비아를 결혼하게 했다. 또한 철인 세네카를 기용해 아직 12세인 네로의 교육을 담당하게 했다. 이에 더해 그녀는 스스로를 '아우구스타'라고 부르게 해, 그녀의 권력을 유례가 없을 정도로 키워 나갔다. 동시에 장래 자식인 네로를 황제의 자리에 앉히려는 계획을 거스르는 자는 철저하게 배제하고 숙청했다.

신약시대사와 직접 관계된 사건으로는, 49년경 황제 클라우디우스가 유대인 일부를 '소요tumultuor'를 이유로 로마에서 추방한 사건이 있다(《사도행전》 18:2 참조).

해방 노예의 활약

여기에서 클라우디우스가 중용했던 해방 노예libertini에 관하여 간략하게 알아보겠다. 신약성서에도 명확히 언급되어 있을(⟨사도행전⟩ 6:9) 뿐 아니라, 바울로가 거론하는 인명의 다수는 해방 노예에게 많이 보이는 이름이라는 것(예를 들어 ⟨로마서⟩ 16장의 리스트)에서도 해방 노예가 지닌 사회적인 의미가 크다는 것을 추측할 수 있다.

해방 노예란 한때 노예였지만, 나중에 사적이거나 공적인 해방 방식에 의해 자유롭게 된 사람 및 그 자손을 가리킨다. 해방된 뒤 그들은 로마 시민권을 획득했지만, 정규 로마 시민과 비교하면 정치적 권익 면에서는 뒤져 있었다. 그러나 수적인 면에서 서서히 증가해가던 그들은 상업, 금융업 등 다양한 분야에 걸쳐 사회로 진출했고, 엄청난 부를 쌓은 자도 생겨났다. 또한 그들 중에는 기사 계급으로 성장한 자도 많았고 대토지 소유자도 출현했다. 여기에서 페트로니우스의 소설 『사튀리콘』 속의 '트리말키오의 향연'에서의 해방 노예 트리말키오의 엄청난 부에 대한 묘사를 인용해 보겠다. 이것은 물론 과장이지만 당시 해방 노예 중 일약 벼락부자가 된 자들을 잘 나타내고 있다.

트리말키오는 얼굴의 표정을 부드럽게 하고는 우리 쪽을 향하고 말했다. "지금 여러분들이 입을 적시고 있는 술은 전부 아직

내가 본 적이 없는 나의 영지에서 거둔 것이오. 전부 트라키나와 탈렌툼의 나의 영지에 접한 것에서 나온 것이오. 현재 생각하는 것은 시킬리아 섬을 나의 작은 밭에 더하는 것이오. 그렇게 하면 아프리카에 가고 싶을 때, 오로지 나의 토지만을 통해 항해할 수 있을 것이오. ……내가 학교를 경멸한다는 생각 따위는 하지 말아주시오. 나는 두 개의 서고를 갖고 있소. 하나는 그리스어로 쓰인 책들이고, 또 하나는 라틴어로 된 책들이오……"

……7월 26일, 트리말키오 소유의 쿠마이 농지에서 남자아이 30명과 여자아이 40명이 태어났다. 보리 50만 모디우스가 탈곡되어 곡물 창고에 저장되었다. 소 500마리가 길들여져 멍에를 씌웠다……

이러한 해방 노예 계급 사람들이 1세기 중반 정치의 세계에서도 열쇠를 쥐게 된 것이다. 그들의 권리를 축소해야 한다는 의견이 원로원에 제출되었으나 각하되었다는 것이 타키투스에 의해 보고되고 있다(『연대기』 13:26-27). 또한 로마에 있는 유대인은 다수가 기원전 63년에 폼페이우스에 의해 노예로서 끌려와 나중에 해방된 유대인 해방 노예의 자손이었다. 그들은 예루살렘에 돌아와서도 그 사회적 독자성을 의식해, 자신들의 시나고그(회당)를 소유하고 있었다(〈사도행전〉 6:9).

네로의 등장

다시 아그리피나의 이야기로 돌아가자. 이상과 같이 레일을 깔아놓고도 안심할 수 없었던 그녀는 남편인 클라우디우스의 마음이 바뀔 것을 두려워하여 54년 가을 결국 남편을 독살한다. 그다음 날 곧바로 17세의 네로가 즉위한다. 이것으로 아그리피나의 야망은 완전히 이루어진 것으로 보였지만 실은 이것이 아그리피나의 몰락의 시작이었다.

우선 네로의 후견인 역할을 했던 세네카와 군인인 부루스가 아그리피나에 대항해 네로의 마음을 얻었다. 사실 즉위 당시에는 네로도 원로원과 협조해 올바른 시정을 펼쳐 선정으로 칭송이 높았다. 그러나 반대로 네로와 어머니 아그리파 사이는 삐걱거리기 시작했다. 초조한 아그리피나는 이번에는 반대로 브리타니쿠스를 추대하는 행동을 보였다. 여기에 위험을 느낀 네로는 자신과의 식사 자리에서 14세의 배다른 동생 브리타니쿠스를 맹독으로 살해해버렸다(55년).

이 무렵부터 네로의 정신 착란이 시작된다. 타키투스는 56년에 관하여 이렇게 기록했다.

이해에, 수도 외에는 평온무사했지만 안으로는 풍기가 극심하게 문란해졌다. 네로는 노예의 옷을 입고서 신분을 감추고 수도의 거리나 창가娼家나 술집을 어슬렁거렸다. 수행하는 종자들이 가게 앞에 진열되어 있는 물건을 훔치고, 길에서 만나는 사람들에게 상처를 입히게 하기 위해서였다. 상대는 아무것도 몰랐기 때문에 네로한테까지 주먹을 휘둘러서 얼마 동안은 얼굴에 상처를 남겼을 정도였다…… 어느 날 밤은 때마침 율리우스 몬타누스가 카이사르와 부딪혔다. 원로원 계급의 인물이었지만 아직 관직에는 오르지 못했다. 그는 완력을 휘두르려는 상대에게 맹렬하게 반격한 뒤에야 비로소 그가 네로라는 것을 알아차리고 진심으로 사죄했다. 이 애원을 네로는 비난의 의미로 받아들이고 그에게 자살을 강요했다……(『연대기』 13:25)

네로의 폭정

네로는 원래 스포츠, 문예, 음악을 애호하는 착한 소년이었으나, 정서적인 불안정이 더해져, 모친에 의해 철저하게 응석받이로 자란 전력을 지녔다. 이것이 모친에 대한 리비도를 고착화했고, 동시에 타인에 대한 극단적인 잔인성을 낳았다. 실제로 아그리피나는 네로를 끌어안기 위해 그와 근친상간의 관계를 가진 듯하다.

한편 네로에게는 그 무렵 포파이아 사비나라는 연인이 생겼다. 포파이아는 아그리피나가 살아 있는 동안에는 자신이 네로의 비妃가 될 가능성이 없다는 것을 간파하고 네로에게 아그리피나의 독살을 재촉했다. 마음을 굳힌 네로는 침몰시킬 준비를 마친 배에 모친을 태워 익사시키려 했지만 이 계획은 보기 좋게 실패했다. 그러자 네로는 틈을 두지 않고 자객을 보내 모친을 실수 없이 살해하게 만들었다(59년).

61년 또다시 브리타니아에서 반란이 일어났다. 그러나 총독 P. 수에토니우스가 이케니 족의 여왕 부디카Boudica에게 괴멸적인 대타격을 입혀 진압했다.

한편 모친인 아그리피나를 살해한 네로는 그 폭군성을 점점 더 노골적으로 드러냈다. 62년, 네로는 티베리우스 이후 실시되지 않았던 반역죄법을 부활시켜 걸림돌이 될 만한 사람들을 차례로 없애기 시작했다. 세네카는 자신에 대한 공격이 점점 거세지는 것을 느끼고 은퇴해서 시골에 틀어박혔다. 네로는 이윽고 자신에게 약간이라도 위협이 될 만한 자들을 거의 제거하고 나자, 아내인 옥타비아와 이혼하고 포파이아 사비나와 결혼했다(62년). 그러나 옥타비아에 대한 민중의 인기가 높다는 것을 알고, 옥타비아를 불륜을 구실로 삼아 캄파니아로 추방했고 더 나아가 판다테리아 섬에 유폐하고는 얼마 안 있어 죽여버렸다. 타키투스가 말하는 이 장면은 슬프면서도 무시무시하다.

옥타비아는 밧줄로 포박되었고, 사지의 혈관이 전부 잘려졌다. 그러나 공포로 인해 혈관이 수축되어 피는 똑똑 떨어지는 정도로 죽음에 이르기까지는 시간이 걸렸다. 그래서 사우나의 열기를 쐬게 해 질식시켰다. 게다가 더 한층 잔혹한 것은 그녀의 머리를 베어 수도까지 옮겨 포파이아한테 보였다. 그로 인해 원로원은 신전에 감사의 공물을 바칠 것을 결의했다……(『연대기』 14:64)

향년 22세. 클라우디아 옥타비아는 아마도 로마 역사상 가장 비참한 운명을 맞이한 여성 중 한 명일 것이다.

극에 달한 난행

그 뒤에도 네로의 난행과 포학은 멈추지 않았다. 네로는 정치에는 일절 흥미를 잃고 스스로를 희유稀有의 대시인이라고 생각해, 그 그로테스크한 자의恣意에 몸을 맡겼다. 예를 들어 타키투스는 네로가 '제정신이라고는 생각할 수 없는 낭비' 중에 그가 열었던 어느 향연에 관하여 이렇게 말한다.

> 네로는 자연스럽고, 부자연스럽고를 불문하고 온갖 음행으로 몸을 더럽히고, 이제 더 이상의 타락은 없을 것이라고 생각될 정도로 패덕悖德의 극한까지 나아갔는데 그로부터 며칠이 지나 정식 결혼 절차를 밟아 불결한 남색男色 상대 중 피타고라스라는 자와 결혼함으로써 그의 타락에 정점을 찍었다. 황제는 신부가 쓰는 베일로 얼굴을 덮었다······ 지참금이나 소파, 결혼의 횃불이 훤히 보였다. 거기에다가 부인의 경우에는 밤이 될 때까지는 숨기는 것마저 일체의 것을 사람들 앞에 드러냈다(『연대기』15:37).

그 직후에 유명한 로마의 대화재가 발생한다(64년). 불은 일주일 이상 맹렬하게 타올라, 로마의 14구 중에 3구를 완전히 태워 폐허로 바꿔놓았고, 7구를 괴멸 상태로 만들었다. 화재의 원인은 명확하지 않았지만, 민중은 네로가 방화를 명령했다고 믿는 자가 대다수였다. 네로는 이 소문을 잠재우기 위해 희생양을 만들어냈다. 그 표적이 당시 사람들에게 반反공동체적, 반사회적이라는 딱지가 붙어 기피되고 있던 로마의 예수 그리스도 신봉자들이었다. 그들은 카이사르 집안의 정원에서 온갖 고문을 당한 뒤 학살당했다. 야수의 모피를 뒤집어쓰고, 개에게 물려 찢기고, 해가 진 뒤에는 밤의 등불을 대신해 불태워졌다. 사도 베드로는 아마도 이 박해의 한가운데서 순교사했을 것으로 생각된다.

네로의 최후

이상과 같은 네로의 전횡에 대해 사람들의 반감이 점차로 강해져, 65년 대규모의 암살 계획이 세워졌다. 그 중심인물은 원로원 의원인 G. 피소였다. 그러나 계획은 사전에 밀고되어 파탄이 났다. 또한 이 음모에 가담은 하지 않았지만, 네로의 어린 시절의 스승 세네카는 결국 죽음을 명령받는다. 세네카가 숨을 거뒀다는 보고는 네로를 크게 기뻐하게 했다고 한다. 그리고 66년에는 앞에서 인용한 『사튀리콘』의 저자로 취미와 환락에 관한 네로의 조언자인 페트로니우스에게도 죽음이 내려졌다. 그 밖에 셀 수 없이 많은 인물이 살해되었다.

66년 5월에는 유대 전쟁이 발발한다. 그러나 네로는 그러한 일에는 신경도 쓰지 않고, 9월부터 유유히 그리스 순유巡遊

여행에 나선다. 명소의 유적지를 방문하기 위해서였다. 그리고 11월 말, 코린토스에서 그리스 여러 도시의 독립을 선언했다. 또한 온갖 장소에서 경기 축제를 개최해 모든 경기에서 항상 '일등상'을 탔다. 이렇게 해서 네로는 로마를 완전히 방기해 버렸다. 67년에는 거세한 소년 노예를 '신부'로 맞이했다. 또한 같은 해 9월경, 네로는 코린토스 지협地峽의 개착開鑿이라는 공상적인 공사를 개시했다(이듬해 네로의 죽음으로 중지).

68년 초가 되어서야 드디어 네로는 나폴리에 '개선'하면서 로마로 돌아온다. 그러나 제국의 민심은 이미 네로의 곁을 떠나 있었다. 그해 봄, 먼저 갈리아의 지사 빈덱스가, 뒤이어 스페인의 타라코넨시스 주의 지사 갈바가 반란을 일으켰다. 빈덱스는 패퇴했지만 로마는 반反네로 일색이었다. 이윽고 원로원과 친위대로부터 버림받은 네로는 6월 8일 저녁 '신부'를 포함한 몇 명과 함께 로마를 탈출한다. 그러나 끝내 도망치는 데 실패해 6월 9일 새벽의 로마 교외에서 "아, 세상은 이 얼마나 아까운 예술가를 잃게 되는가!"라고 눈물을 흘리면서 흠칫흠칫 칼로 목을 찔렀고, 마지막에는 부하의 칼을 빌려 죽었다. 이렇게 해서 율리우스 클라우디우스조朝는 종언을 고했다.

베스파시아누스 시대

그 뒤 1년 남짓 제위를 둘러싼 내란의 시기가 찾아왔다. 먼저 권력을 쥔 것은 앞에서 언급한 갈바인데, 71세의 고령인 데다 엄격하고 잔혹했던 그는 군대에 약속했던 하사금을 지급하지 않아 하루아침에 인기를 잃고 말았다. 69년 1월 15일, 장군 오토는 갈바의 친위대를 포섭해 갈바를 죽였다(이 오토는 네로의 비妃 포파이아의 전 남편). 원로원은 오토를 황제로 추대했지만 이미 연초에 게르마니아의 군대에 의해 황제로 옹립된 A. 비텔리우스가 로마로 육박해와, 4월에 벌어진 베드리아쿰 전투에서 오토를 격파했다. 오토는 자살했고, 비텔리우스가 원로원으로부터 황제로 승인받았다.

그러나 7월에는 유대 전쟁의 총사령관 베스파시아누스가 동방의 여러 군단으로부터 황제로 추대되었다(『유대 전기』 4:592-604, 재위 69-79년). 이것을 수락한 베스파시아누스는 먼저 이집트의 알렉산드리아를 공격했다. 이집트가 로마의 연간 곡물 소비량의 4개월분을 공급하는 곡창 지역이었기 때문이다. 그 뒤 베스파시아누스는 군대의 일부를 로마로 향하게 했다(『유대 전기』 4:630-632). 69년 10월, 비텔리우스 군은 베드리아쿰에서 베스파시아누스 군에게 격파되었고, 같은 해 12월 비텔리우스는 시해되었다(이상, 『유대 전기』 4:605-606, 616-618, 633-655 참조).

베스파시아누스는 서방의 군단 및 원로원으로부터도 황제로 승인되었고, 70년 10월, 로마로 입성했다. 이렇게 해서 눈이 핑핑 돌 만큼 어지럽던 내란이 드디어 종식되었고, 동시에 베스파시아누스조朝가 열렸다. 바로 그때, 베스파시아누스의 아들인 티투스는 예루살렘을 점령해 길었던 유대 전쟁에도 종지부를 찍고 있었다. 71년 7월 베스파시아누스는 자식인 티투스와 함께 유대 전쟁 승리를 기념하는 개선식을 거행했다(『유대전기』7:121 이하).

베스파시아누스는 그때까지의 혼란에 의해 느슨해진 국가를 다시 세우는 일에 전력을 기울였다. 군대의 규율을 숙정肅正하고 평화의 여신의 신전(『유대 전기』7:158)이나 대 콜로세움(완성은 티투스 치세인 80년) 등 새로운 건조물도 포함해 수도를 새로 짓고, 원로원과 기사 계급을 정화하고 보충하고 재정을 강화했다. 또한 라인 강과 도나우 강 상류에 황제 직할령을 설치하고 주민들에게 소작을 시켜 개간했다.

2. 제1차 유대 전쟁

대기근

파두스의 뒤를 이어 로마의 유대 총독으로 티베리우스 알렉산드로스(재직 46-48)가 왔다. 그는 알렉산드리아의 유명한 철학자 필론의 조카였다. 그의 치세 아래에서 우선 주목을 끄는 것은 그가 갈릴래아의 유다의 자식들(야고보와 시몬)을 책형磔刑에 처했다는 사실이다(『유대 고대지』20:102). 이 유다란 자는 앞서 퀴리니우스의 호구 조사에 반대해 봉기했던 인물이다. 이것은 유다의 가계가 얼마나 연면히 반로마 운동을 이끌어 왔는지, 또한 그러한 운동이 얼핏 평온해 보이는 알렉산드로스 지배하에서도 얼마나 불타오르려 했는지를 암시하고 있다.

알렉산드로스의 시대에 또 하나의 중요한 사실은 대기근이 유대를 덮쳤다는 것이다(『유대 고대지』 20:101). 특히 47-48년은 안식년(7년마다 토지를 '쉬게 하는' 해, 즉 경작도 수확도 할 수 없는 해라는 의미)에 해당해, 민중의 고통은 한층 컸으리라는 것을 쉽게 상상할 수 있다. 이것은 많은 사람들에 의해 아마도 세상의 종말 전에 오는 종말적 고난으로 파악되었을 것이다. 이러한 사태를 맞아 파르티아의 속국의 여왕으로 유대교로 개종한 아디아베네의 헬레네는 유대에 대량의 곡물을 원조했다(『유대 고대지』 20:51-52). 또한 〈사도행전〉 11장 27-28절에 언급되어 있는 '클라우디우스 황제 시대의 기근'도 필시 이것과 관계되어 있을 것이다. 〈루카 복음서〉는 이때 안티오키아 교회에서 예루살렘 교회에 원조 물자를 보냈다고 적었다. 그것을 전달한 것이 바르나바와 바울로였다는 것은(〈사도행전〉 11:29-30), 같은 48년 무렵 바르나바와 바울로가 이른바 '사도 회의' 출석을 위해 예루살렘을 방문한 것과 동일한 사태였을 가능성도 부정할 수 없다.

유대의 소요화

48년이 되자 V. 쿠마누스가 유대 총독으로 부임해 왔다(재직 48-52년). 같은 해에 카르키스의 헤로데가 죽고, 그 영토 및 특권은 황제에 의해 헤로데 아그리파의 자식인 아그리파 2세에게 주어졌다. 또한 아그리파 2세는 53년에 황제 클라우디우스에 의해, 다시 54년에는 새롭게 즉위한 황제 네로에 의해 그 영토를 확장시켰다.

유대의 정세가 눈에 띄게 소란스러워진 것은 총독 쿠마누스의 치하에서였다. 우선 한 로마 병사의 모독 행위에 유대인이 격앙해 소요 사태가 일어나 적지 않은 유대인이 압사당하는 사건이 있었다. 그 뒤 다른 로마 병사가 율법 두루마리를 찢는 사건이 일어나 유대인들이 대거 쿠마누스한테 몰려갔다. 쿠마누스는 해당 병사를 처형하는 것으로써 가까스로 폭동을 막았다고 한다.

사태를 보다 복잡하게 만든 것이 사마리아인과 갈릴래아인 간의 항쟁이었다. 51년경 어느 날, 축제에 가던 갈릴래아인 집단이 사마리아의 마을에서 습격당해 사망자가 나왔다. 그러나 쿠마누스는(사마리아인으로부터 매수되어서?) 살인자에게 벌을 내리는 것을 거부했다. 분노한 갈릴래아 사람들은 사마리아를 습격했는데 여기에 대해 쿠마누스는 무력으로 탄압했다. 이것이 원인이 되어 유대 각지에서 무력에 의한 반항 운동이 펼쳐졌다. 사마리아인은 시리아 총독 콰드라투스에게 유대인을 고발했고 유대인은 마찬가지로 사마리아인과 쿠마누스 총독을 고소했다. 콰드라투스는 결단을 못 내리고, 사마리아인과 유대인의 대표와 쿠마누스를 로마로 보냈다. 그러나 거기에 머물고 있던 아그리파 2세의 도움으로 황제 앞에서의 심판은 유대인에게 유리하게 내려졌다. 사마리아인의 대표자들은 단죄되었고, 쿠마누스는 해임되고 유형에 처해졌다(『유대 전기』 2:232-246, 『유대 고대지』 20:118-136).

열심당의 활동

그 뒤 유대의 총독으로 임명된 것은 해방 노예 계급 출신인 안토니우스 펠릭스(재직 52-60년)였다. 착임하자마자 아그리파 2세의 여동생 드루실라를 사랑하게 되어 끝내는 그녀와 결혼한 펠릭스는(『유대 고대지』 20:141-144, 〈사도행전〉 24:24 참조), 타키투스의 말에 의하면, '노예의 근성을 지니고서 온갖 냉혹함과 욕심 속에서 왕의 권력을 행사한(『역사』 5:9) 인물이다.

마침 이 무렵부터 열심당원들의 반로마 무력 투쟁이 두드러지고, 유대 전역에 암운이 드리우기 시작한다. 열심당의 활동은, 요세푸스에 의하면, 직접적으로는 기원 6년의 퀴리니우스의 호구 조사에 반대해 봉기한 갈릴래아의 유다 및 바리사이파의 차독의 운동으로 거슬러 올라간다고 하는데, 최근의 연구에 의하면 이 무렵부터 겨우 그 존재가 확인되고 있다. 그들을 요세푸스가 말하듯이 단순한 '도적'으로 이해하는 것은 정당하지 않다. 요세푸스에 의하면, 이스라엘의 멸망은 모두가 이러한 '도적'의 불경하고 잔학한 죄에 대한 신의 벌이었다고 표현되는데, 이것은 로마에 대해 유대인 변호를 꾀한 요세푸스의 경향성에 의거한 것이다.

열심당은 신에 대한 '열심', 구체적으로는 율법, 그것도 '십계'(〈탈출기〉 20:1-17)의 '제1계명'(너에게는 나 말고 다른 신이 있어서는 안 된다)에 온전히 충실할 것을 목숨을 걸고 지키려고 한 자들이다. 그로 인해 이방인의 지배는 타협 없이 철저히 배제해, 필요할 때는 성전聖戰적 발상에서 무력을 행사하는 것이 정당화되고 요청되었던 것이다. 신은 인간 측의 이러한 '공로共勞'에 의해, 목전에 다가와 있는 세상의 종말의 도래를 부분적으로라도 가속화시킬 수 있을 것이다(따라서 무력 투쟁에 참가하지 않고, 게다가 돕지도 않는 자는 기본적으로 신에 반대하는 것이다).

즉 이 운동은 근저에서는 종말론적, 종교적 무력 해방 투쟁이었다. 게다가 이러한 그들의 운동이 민중의 지지를 얻고, 결국은 유대 전역을 휩쓸어가는 과정은, 당시의 팔레스티나가 총체적으로 종말론적 분위기에 깊이 잠겨 있었다는 사실, 그리고 동시에 수많은 농민이 당시 로마 및 로마와 대부분 이해를 같이했던 대토지 소유자들로 인해 한층 더 빈민화되어 갔다는 사실을 나타내고 있다.

게다가 이 시기부터 암살용으로 품에 낫 모양의 단검 '시카sica'를 숨기고, 예루살렘 같은 도회에서 장소를 가리지 않고 적을 습격하는 대책을 들고나온 자들이 나타나기 시작했다. 그들의 행동을 보고 사람들은 그들을 '시카리당Sicarioi'(또는 '시카리파')이라고 불렀다. (그들이 열심당 내의 보다 과격한 일파였는지, 아니면 그것과는 다른 계통의 집단이었는지에 대해서는 아직도 논쟁이 분분하다). 그 첫 번째 희생자는 전 대사제인 안나스의 아들 요나탄이었다(『유대 전기』 2:254-256, 『유대 고대지』 20:162-164. 다만 이 암살은 요나탄을 방해가 되는 인물로 생각한 총독 펠릭스의 의향도 작용했던 것 같다). 이렇게 해서 노골적인 백색 테러가 횡행하게 되었다.

자칭 메시아들

펠릭스는 이러한 반로마 투사의 진압과 처형에 전념했다. 펠릭스의 손에 제거된 대표적인 열심당 지도자는 디나이의 아들 엘레아자르였다(『유대 전기』 2:253, 『유대 고대지』 20:161). 펠릭스는 그를 속여서 체포하는 데 성공했다. 그러나 전체적으로 보면, 특히 지방에서는 사태가 더 이상 로마군의 통제가 전혀 먹히지 않는 상황에까지 이르렀다.

일반 민중 사이의 항쟁도 더욱 두드러졌다. 카이사리아에서는 그리스·시리아계 주민과 유대계 주민이 충돌했다. 펠릭스는 거기에 무력으로 개입해 유대인 측을 공격해 사태를 진정시켰다(『유대 전기』 2:266-270, 『유대 고대지』 20:173-178).

사회의 분위기가 종말론으로 쏠리는 가운데, 스스로를 메시아라고 칭하는 '예언자'들도 유대 각지에 출몰했다. 그들의 다수는 민중을 황야로 인도해, 거기에서 기적을 보일 것이라고 선전했다. 즉 스스로를 모세나 여호수아의 재림이라고 이해했을 것이다. 그들이 열심당에 속해 있었다고는 할 수 없지만, 그들의 운동에서 반로마 소요의 낌새를 맡은 펠릭스는 철저하게 그들을 탄압했다(『유대 전기』 2:258-260, 『유대 고대지』 20:167-168).

그중에서 유명했던 것이 '이집트인', 즉 이집트 출신의 유대인 예언자 사건이다(55년경?). 그는 수많은 군중을 모아, 올리브 산으로 이끌려 했는데, 거기에서 그가 명령을 내리면 예루살렘 성벽이(구약시대 예리코 성처럼) 무너져 내릴 것이라고 예언했다. 명백하게 스스로를 재림한 여호수아라고 칭했을 것이다. 펠릭스는 곧바로 군대를 보내 그들을 살육하고 해산시켰다. '이집트인' 자신은 도망쳐 목숨을 건졌다(『유대 전기』 2:261-263, 『유대 고대지』 20:169-172, 〈사도행전〉 21:38 참조). 이윽고 얼마 안 있어 이들 '예언자'들과 열심당은 실제로 손을 잡기 시작했다(『유대 전기』 2:262).

더욱 중요한 점은, (앞서 말했듯이) 이 무렵부터 국내의 빈부 격차가 한층 더 커졌다는 사실이다. 대토지 소유자들과 인구의 대부분을 차지하는 빈농, 소작인과의 경제적 격차가 가속도적으로 벌어졌다. 또한 귀족 사제들과 일반, 하급 사제 간의 경제 투쟁도 한층 심각화되었다. 후자는 10분의1세에서 할당된 것으로 가까스로 생활을 부지해 나가던 것을 빼앗겨 빈민으로 전락하지 않을 수 없었다. 나중에는 굶어죽는 사람도 있었다고 한다(『유대 고대지』 20:180-181, 206-207). 적빈赤貧으로 전락한 하급 사제들 다수도 무장 투쟁 운동에 뛰어들었다.

펠릭스의 후임은 P. 페스투스(재직 59-62년, 착임 시기는 확실하지 않다, 또한 〈사도행전〉 24:27 참조)였다. 그가 유대에 와서 본 풍경은 도처에서 벌어지는 열심당의 파괴 활동이었다. 페스투스는 그것의 진압으로 정신을 차릴 수 없을 정도로 바빴다. 카리스마적인 인물이 민중을 모아서 황야로 이끌고 가는 사건도 이전과 마찬가지로 발생했다. 페스투스는 그들을 주저 없이 살육했다(『유대 전기』 2:271, 『유대 고대지』 20:185-188). 또한 그의 치세 아래에서, 예루살렘의 귀족 사제들과 (친로마적인)아그리파 2세 간에 균열이 커지기 시작했다(『유대 고대지』 20:189-196, 216-218).

나라의 혼란

총독 페스투스는 62년 유대 총독으로 재직 중에 죽었다. 그러자 이 무렵 새로 대사제로 임명된 안나스의 아들 안나스 2세가 새로운 총독이 올 때까지의 틈을 이용해 예루살렘 교회의 '주의 형제' 야고보를 산헤드린으로 끌어내 율법 위반의 죄를 씌워 투석형에 처했다(62, 혹은 69년). 그러나 이것은 사람들의 반발을 사지 않을 수 없었다. 대사제 임명권을 가진 아그리파 2세도 안나스 2세의 행위를 비난하고 그를 불과 3개월 만에 경질했다(『유대 고대지』 20:199-203).

페스투스의 후임은 L. 알비누스(재직 62-64년)였다. 알비누스는 유대에 도착하자 무장 집단과의 전투에 나섰지만, 뒤에서는 뇌물을 챙기는 데 골몰해 유대는 더 한층 혼란에 빠졌다. 이무렵 전 대사제(47-59년)였던 네데바이오스(또는 네데베우스)의 아들 아나니아는 돈으로 알비누스를 포섭해 마음껏 전횡을 저질렀다. 무장 집단은 이 아나니아 집안의 사람들을 유괴하는 전술로 나와 세력을 만회했다. 한편 알비누스는 열심당원도 포함된 죄수들을 돈을 받고 석방한다고 하는 인기 영합책을 계속해서 펼치고는 임기를 마쳤다(『유대 전기』 2:273, 『유대 고대지』 20:215).

아나니아의 아들 예수

알비누스의 치세 초기인 62년 초막절 때 한 이상한 인물이 등장했다. 시골 출신으로 아나니아의 아들 예수란 자가 예루살렘 신전에 나타나 돌연 큰 소리로 이렇게 외친 것이다.

> 동쪽에서 소리가 난다, 서쪽에서 소리가 난다,
> 하늘의 사방에서 소리가 난다!
> 예루살렘과 성소를 향하는 소리!
> 신부와 신랑을 향하는 소리!
> 모든 백성을 향하는 소리!

그 뒤 그는 같은 말을 거리의 온갖 골목에서, 밤낮을 가리지 않고 계속해서 외쳤다. 불쾌하게 생각한 시민들이나 로마인은 한 번에 그치지 않고 여러 번 그를 붙잡아 채찍질을 했지만 이 이상한 사람은 조금도 화내지 않고 그저 슬픔에 잠겨서 "예루살렘에 화禍!"란 말만 7년을 넘게 되풀이했다. 그로부터 7년 5개월 뒤 로마군이 결국 성도의 성벽을 부수기 시작했을 때, 그 투석기로 날아온 돌이 그에게 명중해 이 성스러운 광인은 숨이 끊어졌다(『유대 전기』 6:300-309). 이 아나니아의 아들 예수는 이스라엘에서의 화禍의 예언자의 계보 중에서도 특이한 존재로서 기억된다.

또한 특별히 기록해야 하는 것은 64년, 드디어 예루살렘 신전이 완성되었다는 사실이다. 기원전 20년에 헤로데가 시작한 이후 무려 80년 이상이 걸린 공사였다. 그러나 신전의 완성은 수많은 노동자―요세푸스에 의하면 1만 8천 명 이상―가 일을 잃는다는 사태를 초래해(『유대 고대지』 20:219), 사회의 온갖 부분의 곤궁을 가속화시킨 것도 사실이다. 또한 신전 자체도 그 뒤 몇 년 지나지 않아 완전히 파괴될 운명이었다.

개전과 초기의 전투

이윽고 G. 플로루스(재직 64-66년)가 총독으로 유대에 왔다. 그가 와서 보니, 국정은 더 이상 손쓸 수 없을 정도로 황폐해져 있었다. 그는 상황을 다시 정상으로 돌려놓으려는 마음도 애초부터 상실하고 불법과 잔학함을 구사해 사복私腹을 채우는 데 전념했다. 요세푸스에 의하면 '우리에게 로마인과의 전쟁을 하지 않을 수 없게 만든 것은 플로루스였다'(『유대 고대지』 20:257).

이렇게 민중의 분노가 끓어오르는 가운데 66년 무효절無酵節 때 시리아 총독인 C. 갈루스가 예루살렘에 왔다. 민중은 플로루스를 고소했지만 결국 효과는 없었다. 이윽고 카이사리아에서 유대인과 비유대인 간에 충돌이 있었다. 그 사건을 정리할 때 플로루스는 구태여 유대인을 도발하는 술책을 내놓았고 더군다나 예루살렘 신전의 보고에 있던 금전을 강탈했다. 이렇게 해서 예루살렘에는 폭동이 발생했다. 플로루스는 그것을 진압할 때 마을을 약탈하고, 평화를 바라는 사람들도 포함해 상당수의 유대인을 책형에 처했다. 얼마 안 있어 카이사리아로부터 2개 대대가 도착하자, 대사제들의 설득도 수포로 돌아가 결국 민중과 로마군 간에 전투가 시작되었다. 66년 5월이었다(이상 『유대 전기』 2:294-332).

이 사태에 임해 아그리파 2세는 유대인을 진정시키려 했지만 민심을 얻는 데 실패하고 자신의 영지로 돌려보내졌다(『유대 전기』 2:336 이하, 406-407).

이윽고 갈릴래아의 유다의 아들(실제는 손자?) 메나헴이 이끄는 주전파主戰派는 사해 서안에 있는 천혜의 대요새 마사다를 공격해 로마 병사를 섬멸하고 요새를 수중에 넣었다(『유대 전기』 2:408, 433-434). 한편 예루살렘에서는 6월, 전 대사제 아나니아의 아들로 신전 경비대장인 엘레아자르가 아우구스투스 시대 이래의 관습이었던 황제를 위해 희생물을 바치는 관습을 폐지하고 전쟁에 대한 의지를 명백히 했다(『유대 전기』 2:409). 아그리파 2세는 반란군을 진압하기 위해 군대를 예루살렘으로 보냈고, 이렇게 해서 전쟁 강행파와 친로마·온건파 사이에 반목이 생겼지만 결국 전쟁 강행파가 우세를 점했다. 기세를 얻은 반란군은 대사제의 저택과 왕궁에 방화하고, 또한 채무 증서를 보관하고 있던 기록소를 불태워 없애 버렸다(『유대 전기』 2:426-427). 이것은 반란 자체가 빈곤에 신음하고 있던 수많은 민중의 지지를 얻고 있었음을 증명한다. 여름에는 안토니아 성(신전 영역의 북서쪽 모서리에 있고 로마군이 감시용으로 사용했던 탑)이 반란군의 수중에 들어갔다. 나아가 왕궁의 탑 안으로 도망친 로마 병사들도 항복했다(이상 『유대 전기』 2:430, 439, 450-456).

마사다를 장악한 메나헴은 여름경, 왕으로서 예루살렘에 돌아와 반란군의 지휘권을 잡았다. 얼마 안 있다가 대사제인 아나니아와 그의 동생인 히즈키야가 살해당했다. 이 무렵부터 신전 경비대장인 엘레아자르는 메나헴을 따르는 것에 불만을 느끼고 다른 사람들과 함께 메나헴을 습격해 죽여버렸다. 메나헴을 따랐던 무리 중 이 난을 피해 도망친 동지들은 메나헴의 친족(갈릴래아의 유다의 손자)인 야이르의 아들 엘레아자르와 함께 마사다 요새로 도망쳤다(『유대 전기』 2:433-448). 이렇게 해서 반란군은 처음으로 분열을 일으켰고, 또한 메나헴이라는 유능한, 반란군의 총지도자가 될 수 있는 인물을 잃고 말았다.

가까운 여러 도시, 즉 카이사리아와 시리아, 나아가 스키트폴리스, 아슈켈론, 프톨레마이스, 알렉산드리아, 이에 더해 다마스쿠스 등에서는 반反유대 정서가 높아져 수많은 유대인이 학살당했다(『유대 전기』 2:457 이하, 559-561).

이윽고 시리아 총독인 갈루스가 사태를 진압하기 위해 제12군단을 중심으로 한 병력을 이끌고 예루살렘까지 왔지만, 무기력하게도 점령을 단념했다. 그리고 철수하던 도중 베테호론에서 대패배를 당하고 말았다. 갈루스 자신도 가까스로 도망쳐 목숨을 구했다. 66년 10월의 일이다. 이 승리는 유대인의 의지를 압도적으로 고무해, 이때 이후 항전파가 주류가 되었다. 화평파의 많은 사람들은 앞다투어 예루살렘을 떠났다(이상 『유대 전기』 2:499-556).

한편 항전파 유대인들은 신전에서 집회를 열고, 새로이 전투 체제를 갖추었다(『유대 전기』 2:562-568). 주요 지도자로는 구리온의 아들 요셉, 전 대사제 안나스의 아들 안나스(안나스 2세) 등이 있었다. 훗날의 역사가 요세푸스(당시 약 30세)도 갈릴래아의 통솔을 맡았다. 에세네파 또한 전투에 참가했다. 로마인과의 싸움을 '빛의 아들들'과 '어둠의 아들들'의 종말론적 전쟁으로 이해했기 때문이었을 것이다. 그들 중에 요한이라고 불린 지도자가 이름을 떨쳤다(『유대 전기』 2:520, 6:356 참조). 한편 무장 투쟁파는 메나헴을 잃은 이 시점에서는 전체적인 주도권을 잡지 못한 상태였다. 지도자 그룹에는 사제 계통의 열심당이었던 시몬의 아들 엘레아자르가 있었지만(『유대 전기』 2:565), 얼마 동안은 아무런 자리도 주어지지 않았다.

장군 베스파시아누스

67년 황제 네로는 사태의 중대함을 살피고는, 결국 베스파시아누스를 팔레스티나 최고 지휘관으로 임명했다. 봄에 베스파시아누스는 행동에 나서 갈릴래아 공략에 착수했고, 이윽고 자식인 티투스의 원군도 얻어 3개 군단 6만 병사를 휘하에 두게 되었다. 67년 7월, 요세푸스가 지키는 서 갈릴래아의 요타파타를 함락시켰다. 원래 친로마적 정서였던 요세푸스는 로마군에 항복하고, 베스파시아누스가 로마 황제가 되는 이유를 '예언'해서 로마군의 우대를 받았다. 그 뒤 타리카에아에(막달라), 가말라, 타보르 산, 기스칼라 등이 차례로 함락되어 67년 말에는 로마군이 갈릴래아를 완전히 제압하게 되었다(『유대 전기』 3:1-4).

한편 67년 후반부터 68년에 걸쳐 예루살렘에서는 지휘 계통이 정리되지 않아 혼란의 양상을 드러내고 있었다. 그런 와중에 특히 로마군에 쫓긴 난민이 예루살렘에 유입되어(『유대 전기』 4:135 이하) 급진적 항전파를 보강했다.

때마침 67년 11월, 기스칼라 출신의 (레위의 아들) 요한이 예루살렘에 들어왔다. 이윽고 항전파가 자신들의 손으로 '대사제'를 선출하기에 이르러 온건파와의 결렬이 얼마 남지 않았다는 게 명확해졌다. 온건파를 대표한 것은 전 대사제 안나스의 아들 안나스, 전 대사제로 가말라의 아들 예수(사두가이파의 리더들), 거기에 힐렐Hillel the Elder의 자손인 라반 시메온 벤 가말리엘 1세(가말리엘 1세의 아들 시메온) 등이었다(『유대 전기』 4:158-160). 그들은 급진파를 배제하려는 계획을 세웠으나 실패했다. 이에 대해 시메온의 아들 엘레아자르 등의 급진파는 대규모의 이두매아인 군대를 예루살렘에 불러들인다(『유대 전기』 4:224 이하). 그들의 공격을 받은 온건파는 어쩔 도리가 없었고, 결국 안나스의 아들 안나스와 가말라의 아들 예수는 학살당한다. 요세푸스에 의하면, 이 참극이야말로 '예루살렘 함락의 시작'(『유대 전기』 4:318)이었다.

그 뒤 기스칼라의 요한이 권력자로서 수도를 제압하고 나선다. 그러나 급진파 내부 자체는 결코 일체화되지 않았다(『유대 전기』 4:389-397).

한편 베스파시아누스는 68년 3월에 가말라를 함락시키고, 페레아 전체를 장악했다. 나아가 유대 동부를 평정하고 이두매아 지방을 제압했다. 이렇게 해서 예루살렘은 고립되었다(『유대 전기』 4:412-490). 그러나 예루살렘 공격의 전략을 가다듬고 있던 베스파시아누스에게 6월 네로의 사망 소식이 전해졌다.

베스파시아누스는 예루살렘 공격을 연기했고, 로마 제국 중추의 동란으로 인해 69년 초 유대 전쟁은 일시 보류되었다(『유대 전기』 4:497-502).

유대군 내부의 항쟁

이 기간이야말로 유대인들로서는 전력을 정비하고 내부 강화를 꾀할 수 있는 가장 좋은 시기였다. 그러나 그것이 내부에서의 상호 항쟁으로 인해 이루어지지 않았다. 이 무렵 게라사 출신의 기오라의 아들 시몬이 대두하고 나섰다. 그는 먼저 마사다의 무장 투쟁 집단에 가담했지만, 안나스의 죽음을 듣고 요새를 나와 자신의 군단을 조직해 이두매아를 공격해, 예루살렘의 급진파에 대항했다. 그는 유대인 노예를 해방하고 그들과 빈농들 중에서 병사를 모집했다. 그 뒤 69년 봄, 아마도 메시아적 존재로서 예루살렘에 입성했을 것이다(『유대 전기』 4:503 이하, 574 이하). 이렇게 해서 그 뒤 1년 동안, 수도 위쪽의 마을을 제압한 기오라의 아들 시몬과 그것에 대항해 신전의 산에 진을 친 기스칼라의 요한 간에 격렬한 무력 항쟁이 전개되었다. 나중에 사제 계열의 열심당인 시몬의 아들 엘레아자르가 요한으로부터 떨어져 나왔기 때문에 정확히는 삼파전이 되었지만, 엘리아자르의 세력은 별로 크지 않아 결국 다시 요한파로 통합되고 만다(『유대 전기』 5:98-105, 250).

한편 베스파시아누스는 69년 6월 유대 전쟁을 재개하기로 결의하고 그때까지 점령되지 않은 지역을 공격했다. 이렇게 해서 예루살렘 외에 마사다, 마카이루스(마켈루스), 헤로디온의 3개 요새만 남기고 전부 로마군의 수중에 들어갔다(『유대 전기』 4:550-555). 그 뒤 베스파시아누스는 로마에서 비텔리우스가 제위에 올랐다는 것을 알았지만, 7월에는 비텔리우스한테 불만을 가진 동방 여러 군단으로부터 원수로 추대되었다. 그리고 12월에는 비텔리우스가 멸망함으로써 패권을 확립했다. 거기에서 베스파시아누스는 유대 전쟁의 총지휘를 자식인 티투스한테 일임했다(『유대 전기』 4:568).

예루살렘 멸망

티투스는 70년 봄, 4개 군단을 이끌고 예루살렘에 도착했다. 로마군의 총공격이 시작되자 예루살렘의 요한파와 시몬파는 항쟁을 멈추고, 처음으로 일치단결했다(『유대 전기』 5:277 이하). 그러나 5월에는 결국 최초의 성벽이 파괴되었다. 또한 6/7월에는 로마군의 포위망이 완성되었고(『유대 전기』 5:501-509), 예루살렘은 무시무시한 기아 상태로 내몰렸다. 이윽고 7월 하순에는 신전 북쪽에 있던 요새탑인 안토니아 성이 함락되었다(『유대 전기』 6:249-270).

동시에 로마군의 예루살렘 전역에서의 약탈과 학살이 시작되었다. 수많은 잔혹한 에피소드 중 하나는, 어느 예언자의 말을 따라 신전 바깥뜰의 주랑 위로 피해 신의 구원을 기다리고

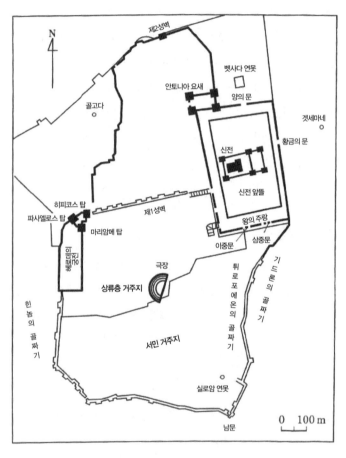

제2성벽

N

벳사다 연못

안토니아 요새
양의 문

골고다

겟세마네

황금의 문

신전

신전 앞뜰

히피코스 탑

제1성벽

파사엘로스 탑

마리암메 탑

왕의 주랑

이중문   삼중문

극장

상류층 거주지

힌놈의 골짜기

튀로포에온의 골짜기

기드론의 골짜기

서민 거주지

실로암 연못

0   100 m

남문

[지도3] 기원 70년 전후의 예루살렘

있던 6천 명의 시민들이 밑에서 놓은 불에 전부 타 죽었다는 것이다(『유대 전기』 6:281-287). 최후까지 종말적인 신의 구원을 헛되이 기다렸던 자들이 있었던 것이다. 이윽고 아래쪽 마을이, 그리고 다음으로는 위쪽 마을이 파괴되어 불바다에 삼켜졌다. 이렇게 해서 70년 9월 26일 새벽, 성도 예루살렘은 완전히 잿더미로 변해 멸망했다(『유대 전기』 6:407).

기스칼라의 요한은 아사 직전의 모습으로 투항해 종신형에 처해졌다. 기오라의 아들 시몬도 결국 투항했지만 나중에 로마에서의 개선식을 위해 포로로 잡혀갔다(『유대 전기』 6:433-434, 7:25 이하).

티투스는 예루살렘에 제10군단만을 남기고 카이사리아로 갔고, 다시 안티오키아로 왔다. 그러나 이 지역의 유대인 추방을 부르짖는 안티오키아 시민의 뜻은 참작되지 않았고, 다시 유프라테스 강변의 제우구마(조이구마)에까지 발걸음을 뻗었다. 거기에서 파르티아 왕 볼로게세스 1세의 사신으로부터 황금의 관을 선물로 받았다. 그 뒤 안티오키아, 이집트를 통해 로마로 돌아왔다 로마에서는 71년 6월에 베스파시아누스와 티투스를 위한 유대 전승 개선식이 열렸다. 이때 기오라의 아들 시몬은 대중 앞에서 처형되었다(『유대 전기』 7:123 이하, 153-157). 후대에 황제 티투스는 포룸 로마눔을 지었는데 지금도 볼 수 있는 유명한 개선문에는 예루살렘 신전을 약탈하는 로마 병사들의 모습이 새겨져 있다.

마사다 함락

그런데 유대에는 아직 반란군의 잔당이 완전히 사라진 것은 아니었다. 71년 새로 유대 총독 대행으로 임명된 L. 바수스(71년에만 재직)는 헤로디온을 공략했고 나아가 마카이루스의 요새를 함락시켰다(『유대 전기』 7:163-209). 얼마 안 있어 바수스가 죽자 F. 실바가 총독으로 취임했다(재직 72-80년). 이 무렵 유대인 저항의 거점은 난공불락의 산악 요새라고 일컬어졌던 마사다만이 남아 있었다. 여기에는 갈릴래아의 유다의 손자인 야이르의 아들 엘레아자르가 친족인 메나헴이 암살된 이래, '시카리당'이라고 불렸던 사람들을 주력으로 한 무리(그중에는 에세네파도 있었다)를 지휘하면서 저항하고 있었다. 실바는 서둘러 마사다 공략에 나서 포위망을 두르고, 마사다의 서쪽 사면에 성벽 격파용 비탈길을 만들었다(그 유적은 지금도 남아 있다). 결국 성벽의 일부가 파괴되자 엘레아자르는 체념하고 전원에게 집단 자결을 권유했다. 이렇게 해서 73년 5월, 전사 및 그 가족들 960명 전원이 장절히 하나가 되어 자결했다(『유대 전기』 7:252 이하, 391-401).

'시카리당'의 일부는 알렉산드리아로도 도망쳤는데 그 지역 지도자들의 고발로 체포되었다. 그들은 고문을 받으면서도 황제를 '주主'로 부르라는 요구를 끝까지 거절했다고 한다(『유대 전기』 7:407-419). 또한 73년에는 이집트의 레온토폴리스에 있던 유대교 신전도 폐쇄되어버렸다(『유대 전기』 7:421-436).

유대 민족의 절망

유대 전쟁 직후, 로마군에 몰수된 토지에는 (대부분) 이방인 관리자conductores가 파견되어 유대인 농부들을 소작인으로 일하게 했다. 유대인이 이들 토지의 소유권을 되찾은 것은 그 뒤 여러 해가 지나고 나서였다. 더군다나 전후에 팔레스티나에 거주하거나 디아스포라의 모든 유대인은 그때까지 예루살렘 신전에 바쳐왔던 2드라크마의 신전세를, 로마의 수호신인 유피테르 카피톨리누스에 바칠 것이 강제되었다(이상 『유대 전기』 7:216-218). 이른바 '유대 금고Fiscus Judaicus'의 창설이다. 이것은 로마 사상 유대인에게 특별세가 부과된 시초이다. 이 세금은 4세기의 율리아누스 황제 시대까지 계속되었다.

이렇게 해서 유대는 멸망했다. 이 전쟁이 열심당 등의 종말 대망待望에 기반해 시작되고, 마지막까지 신의 구원적 개입에 대한 희망의 뒷받침으로 수행되었던 것을 생각하면, 신으로부터 아무런 구조도 받지 못하고 멸망한 것은 유대 민중에게 극심한 절망감을 주었을 것이다.

왜냐하면 나는 봤기 때문입니다. 얼마나 당신이 그들 죄인을 지지하고, 불경하게 행동하는 무리들을 소중히 여겼는지를, 당신의 백성을 멸망시키고 당신의 적을 지켰는지를because I saw how thou bearest with their sinne, and didst spare them that did impiously, and didst destroy thine owne people, and preserue thine enimies, and didst not signifie it(4에즈라THE FOVRTH BOOKE OF ESDRAS 3:30)

하물며 예루살렘 신전이 파괴된 것은 그때까지의 종교 생활 전 체계가 와해됐음을 의미해 그 타격은 이루 말할 수가 없었을 것이다.

유대교의 재흥

그러나 이러한 절멸의 절망 한가운데서, 전혀 다른, 오히려 각성한 정신으로 이미 유대교 재건의 길을 모색하기 시작한 사람이 있었다. 요하난 벤 자카이Yohanan ben Zakkai(자카이의 아들 요하난)이다. 그는 라반 시메온 벤 가말리엘 1세의 대리자였는데, 한때 유대 전쟁의 지휘에 참가했던 시메온과는 다르게, 반열광주의로 비전파非戰派 측에 서서 예루살렘을 설득하려 했다. 그러나 그것을 못 이루고 예루살렘 함락 이전에 가까스로 수도를 탈출했다. 하지만 곧바로 로마군에 잡혀 항복한 자들을 수용하는 곳인 야브네(얌니아)로 연행되었다. 그리고 그곳에서 로마인의 감시 밑에서 새로운 유대인 공동체의 기초 구축 작업에 착수했다.

먼저 그때까지 신전에 있었던 최고법원(산헤드린)이 새롭게 야브네에 설치되었고, 거기에서 역법曆法(신년과 윤년)이 정해지고, 법규 개정이 이루어졌다. 신전 없는 유대교 체제 골격의 확립이다. 유대교 중에서 열심당은 말할 것도 없고, 사두가이

파도 에세네파도 소멸해 바리사이파만이 남았는데, 그중에서
도 소수의 비전파에 의해 이끌어진 조심스러운 재출발이었다.
그러나 이것이 머지않아 시나고그 주체의 새로운 공동체가 되
는 것으로 발전해 결국 유대교를 소멸의 위기에서 구하게 되
었다.

제2절 **유대교 예수파의 전개**

예루살렘 교회

예루살렘 교회에서는 율법에 충실한 '주의 형제' 야고보가 진두에 서게 되었다. 아마도 그 영향으로 40년대 중반까지는 예루살렘 교회에 '장로단'이 조직되어 있었을 것으로 생각된다(〈사도행전〉 11:30, 15:2, 4, 6, 22, 23, 16:4 참조). 그러나 그들은 노골적으로 반反이방인주의를 꺼내들지 않았고, 안티오키아 교회와의 유대도 유지하고 있었다. 그로 인해 예루살렘에 거주하는 국수주의적 경향의 사람들로부터 여전히 배척받았을 것으로 생각된다.

또한 1세기 중반 무렵에는 이집트의 알렉산드리아에도 예수파의 보고가 전해진 듯하다(〈사도행전〉 18장 24절 이하에 보고되어 있는 아폴로는 알렉산드리아 출신의 예수파 인물일 것이다). 유대인을 주체로 한 이 지역의 예수파는 뒤에 보게 되듯이 초기 그리스도교 역사 전체 안에서 매우 중요한 역할을 떠맡게 된다.

바울로의 제1차 전도 여행

바울로는 안티오키아 교회의 영적 지도자로서 두각을 나타내고 있었는데(〈사도행전〉 13:1), 47년경 이방인을 대상으로 이른바 제1차 전도 여행에 나섰다(이것을 48년의 예루살렘 사도 회의 뒤로 놓는 설도 있지만, 그럴 필요는 없을 것으로 생각된다). 그러나 이 여행은 실은 바울로의 사실상의 스승인 바르나바의 주도에 의해 이루어진 것이고, 바울로는 이른바 그의 보좌역을 맡았다고 보는 게 올바를 것이다. 거기에 요한 마르코가 여행의 출발 시점에서 조수로 참가했다.

바르나바와 바울로가 이러한 여행에 나설 수 있었던 것은, 아마도 안티오키아 교회가 나름대로 안정기에 접어들었다는 것을 시사하고 있을 것이다. 내부 상황이 불안정했다면, 그 집단의 최고 지도자와 유능한 조수가 본거지를 일정 기간 비운다는 것은 생각하기 어렵기 때문이다.

그들은 먼저 셀레우키아를 경유해서 바르나바의 고향인 키프로스 섬으로 건너가, 그곳의 살라미스에서 키프로스의 지방 총독인 세르기우스 파울루스를 회심시켰다(〈사도행전〉 13:4-12). 그 뒤에 다시 대륙으로 향해 팜필리아의 페르게, 피시디아

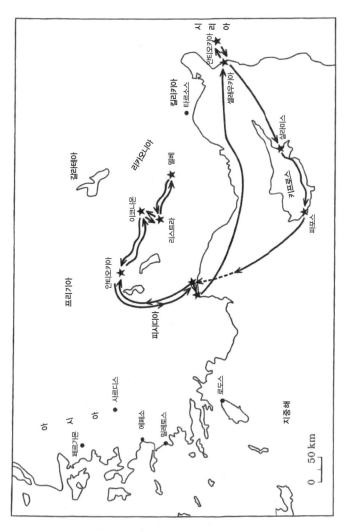

[지도4] 바울로의 제1차 전도 여행

의 안티오키아를 방문했고, 나아가 리카오니아 지방의 이코니온, 리스트라, 나아가 데르베까지 발걸음을 옮겨 선교했다. 리스트라에서는 아마도, 나중의 바울로의 협력자가 되는 티모테오를 회심시켰던 것으로 생각된다(〈사도행전〉 14:6-7, 16:1, 〈1코린토〉 4:17 참조). 또한 리스트라에서는 바르나바와 바울로는 거의 신적인 존재로 숭배되었다고 한다.

노림수

그런데 피시디아의 안티오키아나 이코니온이나 리스트라는 전부 터키 반도 중부의 '황제 가도Via Sebastia'(아우구스투스가 설치) 상에 있는 식민 도시colonia라는 것이 중요하다. 말하자면 바르나바와 바울로는 터키 반도에서는 미니 로마라고도 할 수 있는 도시들을 의식적으로 선교의 대상으로 고른 것이다. 그 때문에 반도 위에서의 이동에서는, 모처럼 팜필리아의 중요 도시 페르게에 들렀으면서도, 거기에서 선교를 했다는 형적이 없고(〈사도행전〉 13:13-14), 산길을 오로지 북상해서 '황제 가도'에 올라타, 수백 킬로미터의 도정을 넘어 피시디아의 안티오키아로 직행했다. 그들이 노린 것이 단순히 '대도시'가 아니라 로마 식민 도시였기 때문이다. 또한 바로 그런 이유로, 리스트라에서의 선교 후, 아마도 '킬리키아 협문'을 지나 귀로에 오르면서 데르베에 들렀을 때 생각을 고쳐 방금 막 지나온 길을 다시 돌아가 앞서의 세 식민 도시를 다시 방문했을 것이다. 일

종의 다지기 성격의 '애프터 캐어'의 필요성을 느꼈기 때문이
아닐까.

이 전도 여행은 안티오키아 교회에서 이미 기획되었을 로마
제국에 대한 전도 전략의, 말하자면 '습작'의 의미를 지닌 것으
로 생각된다. 왜냐하면 그들이 이들 도시에서 유대교로 회심
해 할례를 받을 것을 전제로 해서 사람들에게 선교를 했다고
는 상정할 수 없기 때문에 '할례 없는 구원의 수용'이라고 하
는, 나중에 바울로의 서간에 선명하게 나타나는 사상이 이 무
렵 이미 안티오키아 교회의 선교 사항이 되어 있었을 것으로
생각된다(요한 마르코가 페르게에서 바르나바와 바울로와 결별하고
예루살렘으로 돌아갔다(〈사도행전〉 13:13)는 것이 역사적 사실이라
면, 이러한 바르나바와 바울로의 방침과의 사상적 불화가 하나의 요
인이었을지도 모른다).

루카의 서술에 의하면, 그 뒤 그들은 다시 페르게까지 내려
갔고, 거기에서 해안가의 마을 아탈리아를 통과해 배를 타고
안티오키아로 돌아왔다(이상, 〈사도행전〉 13-14장).

예루살렘 사도 회의

그 직후 초기 그리스도교 역사에서 지극히 중요한 사건이
일어난다. 이 이방인 전도 여행에서의 바르나바와 바울로의 태
도와 행동이 문제를 표면화시키는 데 일조했을지 모르지만, 예
루살렘에 자리 잡은 유대인 예수파 사람들이 안티오키아로 와

서 회심한 이방인은 할례를 받지 않으면 안 된다고 주장한 것이다(〈사도행전〉 15:1, 〈갈라티아〉 2:1). 즉 바라나바나 바울로의 안티오키아 교회를 중심으로 한, 율법으로부터 자유로운 선교 활동에 제동을 건 것이다. 이 요구의 배경에는 앞서 적었듯이 팔레스티나에서 결국 표면화되기 시작한 반이방인, 반로마의 풍조에 대해 자신들의 운동을 보수적으로 옹호하려 했던 예루살렘에 있던 예수파 사람들의 사혹思惑이 있었을 것이다.

어찌됐든 안티오키아 교회에서는 바르나바와 바울로가 예루살렘 교회와의 협의를 위해 파견되었다. 그들은 이 여행에 대담하게도 이방인 예수파 신자 티토도 증인으로 동행하게 했다(〈갈라티아〉 2:1). 예루살렘에서는 '기둥'으로 남아 있던 주의 형제 야고보, 베드로, 요한, 그리고 동시에 장로들과도 토의했다. 이 수뇌 회의가 유명한 예루살렘 사도 회의이다(48년경, 〈갈라티아〉 2:1-10, 〈사도행전〉 15:1-35).

동의 사항

그 결과, 바르나바, 바울로들의 안티오키아 교회는 이방인들에게는 율법의 할례 규정을 제외하고 —이 말은 이방인을 유대교로 개종시키는 일 없이— 예수파의 구원을 전해도 좋다고 하는 동의를 예루살렘 교회로부터 이끌어냈다. 이렇게 해서 안티오키아 교회는 이방인에게 복음을 전하고, 예루살렘 교회는 유대인에게 복음을 전한다고 하는 일종의 대략적인 전도 영역의 구분이 양 교회 사이에 이루어진 것이다. 동시에 이 연대의 증거로서 이방인 교회가 예루살렘 교회에 경제적 원조(헌금)를 제공하는 것이 동의되었다(〈갈라티아〉 2:9-10).

그러나 이 결정은 유대인 예수파도 율법을 지키지 않아도 된다는 것이 아니고, 나아가서는 유대인 예수파와 이방인 예수파의 사람들이 같이 생활하고 있는 혼교混交 공동체의 문제에 대해서는 아무런 규정도 내리지 않았다.

안티오키아 충돌 사건

따라서 그 이듬해(49년) 무렵, 이른바 안티오키아 충돌 사건이 일어났다. 베드로가 안티오키아에 체재하던 이방인 예수파와 함께 식사를 하고 있을 때, 예루살렘에서 유대인 예수파 사람들이 왔다. 그러자 베드로는 그들을 고려하여 이방인과의 식탁에서의 교제를 거부했고, 이윽고 바르나바도 마찬가지의 행동을 보였다(〈갈라티아〉 2:11-14). 이것은 아마도 당시 팔레스티나에서 높아지고 있던 율법 열심적, 반이방인적 분위기에 노출되어 있던 예루살렘 교회의 상황을 애써 생각한 뒤의 양보였을 것이다.

그러나 어찌됐든 베드로와 바르나바의 이런 행동은 안티오키아 교회에서는 명백히 소수였을 것으로 생각되는 이방인 예수파 사람들과의 교제를 배제하든지, 유대교화하는(할례를 강제하는) 것으로 귀결되지 않을 수 없었으므로 바울로는 이에 맹렬히 맞서서 반대했다. 그러나 대세는 바울로에게 불리하게 흘러갔던 것으로 보인다. 이 때문에 바울로는 이후에는 안티오키아 교회로부터 원칙적으로는 독립해서 전도 활동을 하게 된다.

이 충돌의 또 하나의 귀결로서, 훗날 이른바 '사도 교령Apostolic Decree'이라고 불리는 지시가 예루살렘 교회와 안티오키아 교회에 의해 혼교 공동체의 이방인 예수파 사람들 일반에게 내려졌다. 이것은 이방인 예수파가 〈레위기〉 17-18장에 따라 '우상에게 바쳐졌던 고기, 피를 빼지 않은 고기, 목 졸라 죽인 짐승의 고기 및 근친상간'(〈사도행전〉 15:29)의 네 항목을 피하면 유대인 예수파와 함께 식사를 할 수 있다는 것이었다. 당시 이방인과의 불가피한 교제를 맞아 이방인 측에 요구해야 하는 것으로서 일정 정도 인정되고 있던 조항(나중에 '노아의 규정'이라고 불린다)에 기초한, 혼교 공동체에서의 일종의 타협책이었다. 단 이것은 바울로는 관여하지 않아 그는 몰랐던 규정이었다(이것을 사도 회의의 마지막[〈사도행전〉 15:19-29]에 놓은 것은 저자 루카에 의한 편집 작업).

바울로의 제2차 전도 여행

안티오키아 충돌 사건 뒤, 바울로는 바르나바와 헤어져(〈사도행전〉 15:36-40 참조), 이른바 제2차 전도 여행에 나섰다(49-52년경, 〈사도행전〉 15:36-18:22). 실제적으로는 바울로가 독립

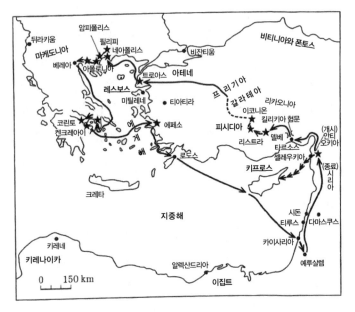

[지도5] 바울로의 제2차 전도 여행

한 이후에 전개한 첫 번째 대규모의 전도 여행이었다. 동행한 사람은 안티오키아에서 소수파 내지는 바울로 지지자인 실라였고, 최종 목적지는 아마도 제국의 수도 로마였을 것이다. 그들은 북 시리아를 통과해 '킬리키아 협문'을 지나고 타우루스 산맥을 넘어, 앞선 전도 여행에서 바울로가 방문했던 리카오니아의 데르베 및 리스트라에 왔다. 또 한 번의 '애프터 캐어' 작업이었을 것이다.

리스트라에서는 신도 중에서, 제1차 여행해서 회심시킨 것으로 생각되는 티모테오를 두 번째 동행자로 얻었다. 그 뒤 대도시 에페소를 포함한 소아시아 서해안으로 가기 위해 서쪽으로 나가는데 '성령의 금지로'(《사도행전》 16:6) 인해 어쩔 수 없이 북상해서 갈라티아 지방에 이르렀다. 이 '성령'이 금지한 사태란, 아마도 바울로가 병에 걸린 것을 가리키는 듯하다(《갈라티아》 4:13). 이 우연에서 갈라티아 교회가 태어난다(또한 이때의 '갈라티아'란 전통적인 갈라티아 지방을 가리키는 것으로 본다[북갈라티아 설]. 다른 설은 남부의 팜필리아 지방에까지 접하는 '로마 속주 갈라티아'로 보는 것이다[남 갈라티아 설]).

그 뒤(50년 봄 무렵?), 바울로는 다시 서쪽을 향해 여행에 나선다. 미시아 지방에 도착하자 다시 북상해 수도 니코메디아를 둘러싼 비티니아 지방을 방문하려 했지만 '예수의 영이 이것을 허락하지 않았다.'(《사도행전》 16:7) 따라서 그대로 트로아스로 빠졌다. 그리스로 건너가기 위해서였다. 거기에서 배를 타고 사모트라케 섬을 경유해서 간선도로(에그나티아 가도)가 이어져 있는 네아폴리스에서 마케도니아 땅에 상륙했다. 그 뒤에는 가도를 따라 마케도니아 지방을 횡단해 둘리키움에 이르러 해로로 이탈리아 반도에 도착해 로마를 목전에 두었다.

거기에서 바울로는 먼저 필리피로 향했다. 필리피는 소도시였으나 기원전 42년 이래 마케도니아 지방에서는 드문 로마의 식민 도시였다. 여기에서는 여성도 포함한 많은 신자가 생겨 교회도 탄생했지만(〈필리피〉 4:2-3), 바울로 일행은 격렬한 박해를 만나 그곳을 떠났다(〈1테살〉 2:2, 〈필리피〉 1:30). 그 뒤 암피폴리스와 아폴로니아를 통과해 마케도니아 수도인 대도시 테살로니카에 도착했다. 이 지역에서 일정 기간 선교(〈1테살〉 2:9, 〈필리피〉 4:15)에 의해 특히 이방인 신자들을 얻었지만(〈1테살〉 1:9, 또한 〈사도행전〉 17:4도 참조), 민중(특히 이방인)으로부터 박해받는 지경이 되어(〈1테살〉 2:14, 3:3-4), 곤궁해져(〈필리피〉 4:16), 결국 그 지역을 떠났다. 그래서 에그나티아 가도에서 베레아로 이동해 거기에서 선교하면서 테살로니카를 다시 방문하려 했으나(〈1테살〉 2:18), 이때도 박해를 받아 바울로는 실라를 그곳에 남겨두고 티모테오를 데리고(〈1테살〉 3:1-2) 아마도 해로(〈사도행전〉 17:14-15)로 아테네로 향했다. 그러나 테살로니카의 상황이 마음에 걸려 바울로는 티모테오를 테살로니카로 파견했다(〈1테살〉 3:2). 한편 아테네에서의 선교도 좌절하고 궁지에 몰린 바울로는 혼자서 코린토스로 도망쳤다

(〈사도행전〉 18:1, 〈1코린〉 2:3, 50년 가을경).

코린토스는 아카이아의 주도州都인 일대 상업도시였다. 여기에서 바울로는 유대인 예수파 신자 프리스킬라와 그 남편 아퀼라를 만났다. 그들 부부는 앞서 언급한 클라우디우스 황제의 유대인 추방령으로 49년경 로마에서 쫓겨나 이 땅으로 이주해 와 있었다. 바울로는 그들의 집에 거처를 잡았다. 그러는 사이 마케도니아의 베레아에서 실라가 도착했고, 테살로니카에 파견했던 티모테오도 얼마 안 있어 좋은 소식을 갖고 돌아왔다(〈1테살〉 3:6, 〈사도행전〉 18:5). 특히 티모테오의 보고를 듣고 기뻤던 바울로는 테살로니카 교회에 편지를 보냈다(50/51년경). 이 이른바 〈테살로니카 신자들에게 보낸 첫째 서간〉은 현존하는 바울로의 가장 오래된 서간일 뿐 아니라, 초기 그리스도교 문서 자료 중에서도 가장 오래된 것이다. 그에 더해 코린토스에서의 전도는 일정의 성공을 거두었다. 바울로는 그 땅에 '1년 6개월'(〈사도행전〉 18:11) 머물렀다(그사이에 바울로는 아카이아 총독 갈리오의 심문을 받았다. 이 갈리오는 유명한 〈갈리오 비문〉에 의해 51년 봄부터 52년 봄까지 총독으로 있었다는 것이 확정되어 있어, 지금까지의 이 책의 서술 연대 설정에 기준을 제공하고 있다).

예루살렘으로

코린토스 전도의 성공에 의해 바울로는 일단은 안정되었다고 생각했는지, 애초에 마음먹었던 로마행을 아마도 단념한 것으로 보인다. 바울로는 52년 봄 무렵 코린토스를 떠나 에페소스로 주항舟航했다. 프리스킬라와 아퀼라 부부가 동행했고 에페소스에서 하선했다. 에페소스는 중요 도시를 거점으로 하는 이 전도 여행에서 제외되었던 몇 안 되는 예 중 하나인데, 바울로는 본격적인 에페소스 방문을 계속해서 장래로 기약하고는 부부를 그곳에 남기고 출범했다. 이윽고 카이사리아에 상륙해 예루살렘을 방문했다.

이 방문은 적어도 예루살렘 사도 회의의 원칙에 따라 추진되었던 자신의 이방인 전도의 구체적 성과를 제시하는 것과 함께, 회의에서 구가謳歌되었던 예수파 교회의 일치를 확인하기 위한 방문이었을 것이다. 52년경이라면 앞서 말했듯이 유대인과 사마리아인의 대립으로 민족주의가 고양되고 반이방인적 파괴 활동이 유대 전역을 뒤덮기 시작할 무렵이었다. 그런 분위기 속에서 율법의 규정을 무시하고 이방인 예수파의 증가를 거침없이 보고하는 바울로를 예루살렘 교회는 오히려 곤혹스러워하지 않았을까.

어찌됐든 그 뒤에 바울로는 안티오키아로 향했다. 안티오키아 교회에 대해 이전처럼 거리감을 갖지 않아도 될 거라고 판단했기 때문이었을까. 혹은 예루살렘 교회의 의심스러운 태도에 대해 안티오키아 교회와 협의할 필요가 있어서였을까.

제3차 전도 여행

안티오키아에서 '얼마 동안 지낸 뒤'(〈사도행전〉 18:23) 겨울을 넘긴 바울로는 이듬해 제3차 전도 여행을 출발했다(53년 봄-56년 봄경, 〈사도행전〉 18:23-21:14). 동행한 것은 앞서와 마찬가지로 티모테오(〈사도행전〉 19:22), 그리고 아마도 새로 티토(〈2코린〉 12:18)가 함께했다. 이 여행의 주안점은 무엇보다도 예루살렘 교회에 보낼 헌금 모집이었다. 에페소스에서의 선교가 시야에 있었고, 거기에 더해 가능하다면 이번에야말로 로마까지 도착해 그곳에서 헌금도 모아서 예루살렘에 가져가고 싶었는지도 모른다.

우선 바울로는 안티오키아에서 킬리키아를 지나, 제2차 전도 여행 때와 마찬가지로 산악길을 올라 갈라티아에 도착해 그곳 교회에 헌금 모집을 지시했다(〈1코린〉 16:1). 그 뒤 프리기아 지방을 지나 마침내 에페소스에 도착했다. 에페소스는 아시아 주의 수도임과 동시에 일대 항구 도시이고, 이 지역에는 제2차 전도 여행 막바지에 프리스킬라와 아퀼라 부부를 길잡이로 보내 놓았었다(〈사도행전〉 18:18-19, 26). 바울로는 결국 여기에서 꼬박 2년 동안 체재하게 된다(53년 가을경-55년 가을경). 여러 가지 사건들이 기다리고 있었기 때문이다.

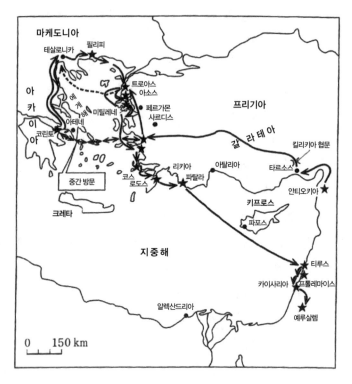

마케도니아
필리피
테살로니카
트로아스
아소스
아카이아
에게해
미틸레네
페르가몬
사르디스
아테네
프리기아
코린토
갈라테아
킬리키아 협문
리키아
아탈리아
타르소스
중간 방문
코스
파탈라
로도스
안티오키아
키프로스
파포스
티루스
지중해
카이사리아
프톨레마이스
크레타
알렉산드리아
예루살렘

0   150 km

[지도6] 바울로의 제3차 전도 여행

갈라티아 문제와 코린토스 문제

먼저 갈라티아 교회와의 문제가 있었다. 바울로가 갈라티아를 떠난 뒤, 유대주의적 예수파 신자가 그곳을 방문해, 갈라티아 신자들에게 할례 등의 율법 준수를 요구했다. 이 소식을 접한 바울로는 격앙해서 〈갈라티아 신자들에게 보낸 서간〉을 써서 보냈다(엄밀한 연월을 특정할 수 없지만 53/55년경). 다만 그 결과 교회 사람들이 바울로의 노선으로 돌아왔는지 아닌지는 불명확하다.

최대의 문제는 코린토스 문제였다. 먼저 바울로는 '클로에의 집안 사람들'로부터 코린토스 교회에 내부 분열과 그 밖의 문제들이 벌어지고 있다는 것을 알게 되었고(〈1코린〉 1:11), 또한 구체적 난제에 관한 교회 신자들로부터의 문의 편지도 손에 넣었다. 거기에서 교회에 티모테오를 파견했고(〈1코린〉 4:17, 16:10-11, 〈사도행전〉 19:22), 그에 더해 〈코린토 신자들에게 보낸 첫째 서간〉을 집필한다(54년 봄경). 그 지역에서는 일종의 열광주의가 일어나, 교회 신자 중에는 성적인 방종 경향으로 치닫는 자도 있었던 듯하다.

바울로는 편지를 집필한 뒤 얼마 안 있어 스스로 코린토스로 갈 생각이었는데 여기서 예기치 않은 사건이 일어났다. 그는 (아마도 〈사도행전〉 19장 23절 이하의 데메트리오스 소동에 휘말려) 체포되어, 아리스타르코스(〈사도행전〉 19:29, 〈필레〉 24, 또한 〈콜로새〉 4:10 참조)나 에파프라스(〈필레〉 23) 등과 함께 투옥

되었다고 생각된다(〈2코린〉 1:8-10 암시 참조). 그러나 옥중에서도 바울로의 활동은 이어졌다. 필리피 교회로부터 에파프로디토스라는 신자가 헌금을 지참하고서 온 것에 감동한 바울로는 감사의 편지를 썼다(〈필리피〉 4:10-23, 혹은 투옥 이전?). 그 뒤 에파프로디토스는 병으로 눕게 되지만 가까스로 낫게 되어, 바울로는 옥중 편지를 에파프로디토스를 통해 보냈다(〈필리피〉 1:1-3:1). 그 밖에 〈필레몬에게 보낸 서간〉도 옥중에서 집필했다. 필레몬은 에페소스에서 바울로를 통해 회심했는데(〈필레〉 19), 이 사람은 아마 프리기아 지방의 콜로사이에 사는 사람이었을 것이다(〈필레〉 1-3, 23-24와 〈콜로새〉 4:7-18을 비교 참조).

또한 바울로의 주위에 있었던 제자 중에, 앞서 나온 에파프라스는 바울로의 위탁으로 콜로사이, 라오디키아, 히에라폴리스 등의 프리기아 지방 마을들에서 개척 전도를 했던 듯하다(〈콜로새〉 1:7, 2:1, 4:13). 에파프라스 자신은 원래 콜로사이에서 온 사람이었다(〈콜로새〉 4:12).

바울로의 옥중 생활은 몇 개월 동안 계속되었던 것으로 보인다. 그가 감옥에 있는 동안 코린토스에는 '적'이 내방해 바울로한테서 이반하는 자들이 나오는 분위기였다. 이 소식을 들은 바울로는 출옥한 뒤 직접 곧바로 코린토스로 갔다('중간 기간'이라고 전해지는 〈2코린〉 2:1, 12:14, 13:1-2 참조). 그러나 이 방문은 비참한 실패로 끝났다.

패배하고 물러난 바울로는 이른바 '눈물의 편지'를 쓰고

(〈2코린〉 10-13장), 필사적으로 코린토스 신자들의 마음을 얻으려 한다. 동시에 바울로는 티토를 코린토스로 파견한다(〈2코린〉 12:18, 8:16-23). 한편 바울로는 에페소스에 더 이상 있을 수 없게 되었던 듯(추방되었을까? 〈사도행전〉 20:17 이하 참조), 트로아스로 갔다(〈2코린〉 2:12). 거기에서 티토를 애타게 기다리는데, 걱정된 나머지 스스로 마케도니아로 건너갔다(〈사도행전〉 20:1 참조). 거기에 티토가 도착했다. 티토의 보고에 의하면 바울로의 마음이 통해서 코린토스 신자들은 예상한 것 이상으로 깊이 회개해 문제는 다 해결되었다고 했다(〈2코린〉 7:6 이하). 그 소식을 듣고 바울로는 '위안의 편지'를 써 보낸다(〈2코린〉 1-7장의 주요 부분).

그리고 또 〈코린토스 신자들에게 보낸 둘째 서간〉 8-9장에 해당하는 편지도 적어, 다시 한 번 코린토스 신자들에게 헌금을 촉구한다(현재의 〈코린토 신자들에게 보낸 둘째 서간〉은 이상의 여러 문서를 훗날의 '바울로 학파'가 2차적으로 편집한 것). 그 뒤 바울로는 코린토스에 세 번째로 방문해 거기에서 두 달을 머무르면서 겨울을 났다(〈사도행전〉 20:3, 55-56년 겨울경). 그 기간 동안 집필된 것이 바울로의 신학적 유언인 〈로마 신자들에게 보낸 서간〉, 그리고 아마도 〈필리피 신자들에게 보낸 서간〉 3장 2절부터 4장 9절(현재의 〈필리피 신자들에게 보낸 서간〉도 이상의 여러 문서를 결합한 작품)까지일 것이다.

헌금을 지참하고 예루살렘으로

이윽고 56년 봄 무렵, 아시아와 그리스 교회의 헌금을 지참한 자들이 코린토스에서 한자리에 모였고(〈사도행전〉 20:4), 바울로와 함께 예루살렘으로 향할 체제를 갖추었다(이번에도 로마행을 단념한 것은 이미 〈로마 신자들에게 보낸 서간〉[15:22 이하]에 적혀 있다). 과연 이 헌금을 예루살렘 교회에서 받아들일 것인지 걱정하고 있던 바울로는(〈로마〉 15:31), 무효절無酵節이 지난 뒤 죽음마저 각오하고 출발했다. 필리피에서 배로 트로아스로 갔고, 거기에서 해로海路로 남하해, 밀레토스에서 에페소스 교회의 대표자들을 불러 모았고(아마도 바울로는 에페소스에 들어가는 것이 금지되었을 것이다), 다시 코스 섬, 로도스 섬, 파탈라, 티루스를 경과해서 프톨레마이스에 입항했다. 그 뒤 카이사리아를 거쳐 예루살렘에 도착했다(〈사도행전〉 20:1-21:4). 제3차 전도 여행의 도달점이다. 56년 여름 무렵이었을 것이다. 수도 예루살렘과 그 주변 지역의 분위기는 살기로 가득 차 흉흉했다.

바울로는 주의 형제 야고보를 필두로 한 예루살렘 교회에 이방인 신도의 대표자들과 함께 헌금을 내밀었을 것이다. 이거야말로 일찍이 예루살렘 사도 회의에서의 약속의 이행이었고, 동시에 바울로가 목숨을 걸고 쌓아온 이방인 예수파 교회와 복음의 원천인 예루살렘 교회의 교제의 증거가 될 터였다. 그러나 그 헌금이 예루살렘 교회에 어떤 식으로 받아들여졌는지는 〈사도행전〉의 기자(루카)가 거의 침묵으로 일관하고 있기 때문에 알 수 없다. 혹은 그 침묵이야말로 오히려 어떤 것을 암시하는지도 모른다. 결국 바울로의 헌금은 그 자신이 우려했던 것처럼 예루살렘 교회에서 받아들이지 않았을 가능성이 있다. 만약 그랬다고 한다면, 바울로의 신념과 그의 활동은 여기에서 심각한 좌절을 맛본 셈이 된다.

바울로의 체포, 연금, 처형

아니나 다를까 바울로는 예루살렘에서 군중의 습격을 받아 구사일생으로 살아났지만 로마군에 의해 체포된다. 그 직후 시카리당이라고 생각되는 유대인 40명이 바울로를 암살할 것을 맹세했기 때문에 바울로는 엄중한 호위 속에 카이사리아로 호송된다(〈사도행전〉 21:27-23:35). 총독 펠릭스는 바울로를 심문한 뒤 '2년간' 감옥에 가두었다(〈사도행전〉 24:27). 이윽고 새로운 총독 페스투스가 임지에 도착해 바울로를 심문했고, 아그리파 2세도 바울로를 심문했다. 바울로는 그러나 자신의 로마 시민권을 근거로 황제에게 상소했다(〈사도행전〉 25-26장).

이렇게 해서 바울로는 58년 가을 무렵 로마로 보내지게 되었다. 카이사리아, 리키아의 미라, 크레타 섬을 지나 배가 조난당해 몰타 섬에 표착해 겨울을 났고, 그 뒤, 시칠리아 섬, 레기움을 통과해 푸테올리에서 이탈리아 반도에 상륙해, 59년 봄/여름 무렵 로마에 도착했다(〈사도행전〉 27-28장).

〈사도행전〉은 바울로가 로마에서 '만 2년'(28:31) 동안 선교했다는 말로 끝맺고 있다. 현실적으로는 이 기간 동안 바울로는 아마도 연금 상태였을 것이다. 그리고 '만 2년' 뒤 사형에 처해진 것으로 생각된다(61/62년경). 전승에 의하면 참수형이었다.

주의 형제 야고보의 순교

예수파는 61/62년 바울로가 사형을 당함으로써 이방인 전도의 역사에서 가장 중요한 인물을 잃었다. 그러나 이방인 교회 자체는 이미 뿌리가 깊고 넓게 펼쳐져 있었다. 그 뒤 1년도 채 지나지 않은 62년에는 예루살렘 원시교회의 대표 인물인 주의 형제 야고보가 안나스의 아들 안나스에 의해 처형되었다. 이것은 예루살렘 교회로서는 치명적인 타격이 되었다.

요세푸스에 의하면 안나스의 아들 안나스는 율법 위반의 죄를 물어 야고보를 처형했다. 구체적으로 무엇을 위반한 것인지는 알 수 없다. 적어도, 일반적으로 율법에 충실한 사람들이 이 안나스 2세의 행동에 분만憤懣을 표시한 것은 문제가 말 그대로 율법 위반이 아니라 일종의 정치적, 사회적 문제 때문이었을 것으로 추측된다.

예루살렘 교회의 낙향

이윽고 유대 전쟁의 길로 뛰어들게 됨에 따라 비무장을 호소했을 원시교회는 주위의 적의敵意를 모으게 되었을 것이다. 4세기의 교회사가 에우세비오스에 의하면, 전쟁이 개시되기 직전 원시교회는 어느 신탁에 의해 예루살렘을 떠나 페레아 (정확하게는 데카폴리스 지방)의 벨라로 옮기라는 명령을 받았고, 실제로 그곳으로 옮겨 갔다고 한다(에우세비오스 『교회사』 제3권, 5:3, 학자들 사이에는 이주의 장소를 북부 트랜스 요르단 영역으로 확대하는 의견도 있다). 이 기사가 역사적 사실이라면 원시교회는 유대인의 영토를 버리고, 이방인의 영역으로 옮겨 간 셈이 된다. 어찌됐든 그것을 계기로 예루살렘 원시교회는 교회사의 앞무대에서 자취를 감춘다. 예수파 사람들이 유대 전쟁 (2세기의 것도 포함해서)에 참가했던 형적은 보이지 않는다(유대 전쟁 뒤 예루살렘에는 다시 교회가 생겼다. 예수의 부친인 요셉의 형제 클로파스의 자식 시몬이 야고보의 후계자가 된 듯하다. 그러나 이 교회는 교회사에서 아무런 중요한 역할을 맡지 못했다. 제2차 유대 전쟁까지는 존속했던 것으로 생각된다).

베드로의 말로

사도 베드로는 49년경 바울로와 충돌한 뒤 어떠한 과정을 거쳤는지(혹은 〈사도행전〉 10:9-16의 일찍이 그가 꾸었던 꿈이 계기가 되었는지) 이방인도 대상으로 하는 전도자가 되었던 듯하다. 54년 무렵 이전에 그리스의 코린토스 교회를 방문했던 것으로 생각될(〈1코린〉 1:12, 3:22) 뿐 아니라 64년 네로의 박해

때, 아마도 로마에서 순교했으리라고 보이기 때문이다. 전승에 의하면 최후는 십자가에 거꾸로 매달려 순교했다고 한다. 또한 그의 아내도 전도하면서 돌아다닌 남편과 여로를 함께했다 (〈1코린〉9:5).

Q전승 집단의 이스라엘 비판

앞서 언급했던 'Q전승 집단'의 예수 신봉자들은 어떠한 궤적을 밟아나갔을까. 이것은 예루살렘 원시교회나 바울로의 족적보다도 압도적으로 추적하기가 힘들다. 그러나 최근의 연구를 종합하면 다음과 같은 그림이 떠오른다.

우선 그들의 첫 번째 관심사였던 이스라엘 전도는 아마도 최종적으로는 실패로 끝난 것으로 보인다. 그러한 좌절의 아픔을 표현한 것에 다음과 같은 것이 있다.

예루살렘아, 예루살렘아. 너는 예언자들을 죽이고, 자신의 곁에 보내진 자들을 돌로 쳐 죽인 자여. 나는 암새가 자신의 새끼들을 날개 밑에 모으듯이 몇 번이나 너의 자식들을 모으려 했던가. 그러나 너희들은 그것을 바라지 않았다. 보라, 너희들의 집[=예루살렘 신전]은 아무도 돌보지 않고 버림받았다. 나는 너희들에게 말한다. 너희들은 두 번 다시 나를 보지 못할 것이다. 너희들이 '주의 이름으로 오시는 이에게 축복이 있으리라'고 말할 때가 오기까지는.(〈루카〉13:34-35 병행)

이것은 예수의 말로 간주되고 있지만, 아마도 Q전승 집단의 카리스마적 예수 신봉자가 예수의 영에 '들려' 말한 내용일 것이다. 여기에는 명백히 그때까지의 전도에 대한 쓰디쓴 좌절감과 민중의 완미頑迷함에 대한 결정적인 심판의 선고가 겹쳐져 있다. 그리고 이러한 격렬한 이스라엘에 대한 비판의 말이 현재 재구성할 수 있는 Q문서의 요소요소에서 관찰되고 있다. 이 말은 Q문서가 거의 현재의 형태로 정리된 것은, 이러한 이스라엘 단죄와 심판의 고지告知, 그리고 심판이 실현됐을 때를 위한 '증거'를 새겨놓으려는 모티프가 지배적이 되고 난 뒤가 아니었나 생각된다. 시기적으로는, 아직 예루살렘 신전이 존속해 있는 것이 전제가 되어 있기 때문에 아마도 제1차 유대 전쟁 이전이었을 것으로 보인다.

전쟁 난민으로서

그렇다면 Q집단의 사람들은 어디로 갔을까. 만약 그들의 활동의 지리적 중심이 갈릴래아에 있었다고 한다면, 이미 본 것처럼, 갈릴래아 지방은 유대 전쟁 전반기에 로마군에 의해 극심하게 유린된 곳이었다. Q집단이 그 속에서 아무런 문제 없이 살아남았다는 것도, 다른 유대인들과 함께 로마군에 대항해 싸웠다는 것도 둘 다 상정하기가 어렵다. 그렇다면 그들은 아마도 갈릴래아 내지는 그 인접 지역을 기피해 다른 지역으로 도망쳤을 것이다. 그 점에서는 예루살렘을 떠나 어디론가로 사라진 원시교회와 유사하다. 갈릴래아에서 어디로 갔는지 가장 그럴 듯한 가정은, 전화戰禍와 로마군의 삼엄한 지배에서 벗어나는 데는 북방 고원을 넘어서 시리아 주변으로 이동하는 것이 최적이었을 것이다.

결국 Q집단은 일종의 전쟁 난민이 되어 복수의 그룹으로 흩어진 게 아닐까. 그리고 이 집단 분열의 현실이, 그 뒤 Q문서가 여러 버전으로 재편성되어 제각각 약간의 다른 종류의 소재를 더해 나갔다는 상황의 배경을 이루었을 것이다. 그 버전 중 하나가 장래의 〈마태오 복음서〉를 낳은 공동체의 것이 되었고(이것을 Q마태오라고 부른다), 다른 하나가 〈루카 복음서〉를 낳은 공동체에 도달했을 것(마찬가지로 Q루카)이라고 생각된다.

전前 마르코 전승 집단

그렇다면 이전에 언급했던 또 하나의 전승의 기록자들은 어떻게 되었을까. 바로 훗날 〈마르코 복음서〉의 수많은 기적 전승 소재를 제공한 집단이다. 여기에 관해서는 Q집단 정도의 단서조차도 파악할 수 없다. 다만, 만약 이 집단이 갈릴래아나 그 근처의 유대인을 주체로 한 지역에 위치해 있었다고 한다면, 그것은 역시 Q집단과 비슷하게, 유대 전쟁의 참화를 정면으로 받았거나, 그렇지 않았다면 전쟁 난민으로서 어딘가로 도망쳤을 수밖에 없다. 그들도 어느 시기에, 가족까지 전부 데리고서 고향을 떠났던 것일까. 그것이, 그들이 보존해 온 전승이

〈마르코 복음서〉의 공동체에 전달된 이유일까. 혹은 그들은 애초에 이방인을 주체로 하는 지역—예를 들면 데카폴리스 지역—에 기반을 두었기 때문에 유대 전쟁의 참화를 강 건너 불구경처럼 볼 수 있었을까—.

제4장 | 그리스도교의 성립
(기원후 70년경 - 100년경)

이 30년간은 로마에서는 티투스 황제의 동생 도미티아누스의 전제가 종언을 맞이함과 함께 플라비우스 왕조가 끝나고, 그것을 이어받은 네르바 황제 이후 이른바 오현제五賢帝 시대가 시작된 시기이다. 로마 제국의 안정기였고, 제국의 권세는 정점에 도달했다고 할 수 있다.

한편 팔레스티나의 유대교는 폐허에서 야브네 체제를 확립해 다시 일어섰고, 한편 예수파와는 명확하게 일선을 그었다.

예수파도 스스로 '그리스도교'로서 독립했고, 그것을 뒷받침하기 위한 아이덴티티 모색 작업에 들어간다. 그러한 흐름 가운데 복음서나 〈사도행전〉 등, 나중에 〈신약성서〉로 편집되는 여러 문서가 하나하나 성립해 간다.

제1절 '그리스도교' 성립의 무대

1. 플라비우스조朝에서 오현제 시대로

선제善帝 티투스

베스파시아누스는 79년에 세상을 떴다. 뒤를 이은 것은 그의 자식으로, 예루살렘을 점령할 때의 지휘관 티투스(재위 79-81년)였다. 티투스의 치세를 수에토니우스는 '어떠한 악덕도 발견할 수 없었고, 오히려 최고의 미덕을 볼 수 있었다'고 찬미하고 있다(『열두 명의 카이사르』, 〈티투스〉 7:1). 그러나 티투스의 지배는 2년밖에 지속되지 않았다. 그가 열병으로 돌연 타계했기 때문이다.

티투스의 치세 아래에서 세 번의 천재와 인재가 잇따랐다. 하나는 79년 8월 24일의 베수비우스 화산 대폭발이다. 이것은 산기슭에 있었던 폼페이, 헤라쿨라네움, 그리고 스타비아에 세 도시를 땅속에 묻어버렸다. 또한 이때 『박물지Naturalis Historia』의 저자인 C. 플리니우스가 목숨을 잃었다(그 뒤 폼페이는 1784년에 '재발견'될 때까지 땅속에서 잠자게 된다). 또한 80년에는 로마에 대화재가 발생해 사흘 밤낮을 타올랐다. 게다가 시내에는 무서운 역병이 발생했다. 티투스는 이러한 재해의 부흥 작업에 힘을 쏟았다. 80년에는 로마의 유명한 콜로세움이 완성되었다.

도미티아누스의 치세

티투스가 사망하자 그의 동생 도미티아누스가 제위에 올랐다(재위 81-96년). 그는 뒤에 서술할 전제 정치로 인해 플라비우스 왕조에 오점을 남기지만, 속주 통치와 국경 방비에 관해서는 상당한 성과를 올려, 훗날 트라야누스 황제가 편 정책의 기초를 확립했다. 도미티아누스의 부친 베스파시아누스는 라인 강, 도나우 강 상류 부근에 소작인을 두고 개간하게 했었는데, 도미티아누스 자신은 83년 이 지방의 외연에 방벽을 설치했다. 이것은 나중에 확대, 보강되어 '리메스limes'(변경 방어용 장성)라는 이름으로 잘 알려지게 된다. 85-88년에는 도나우 강을 넘어 다키아인들이 침입해 온 것에 대해 도미티아누스도 군대를 이끌고 싸웠다. 그 결과 다키아(현재의 루마니아와 그 인근 지역)는 로마의 비호국庇護國이 되었다.

또한 88년 말에는 고지 게르마니아의 총독 안토니우스 사투르니누스가 게르마니아인과 손잡고 반란을 일으켰는데 89년 초에 일찌감치 진압되었다. 한편 브리타니아에는 역사가 타키투스의 장인인 아그리콜라가 77(혹은 78)년부터 총독으로 있었는데 칼레도니아(현재의 스코틀랜드)까지 로마의 지배를 확장했고, 또한 로마 함대로 브리타니아 섬 주변을 감시하게 했다. 다만 그는 84년 도미티아누스의 미움을 사 로마로 소환되어 은퇴했다. 또한 92년 무렵 아그리파 2세가 죽자 그의 영지였던 트라코니티스, 안티레바논(레바논 산맥 동쪽의 산맥) 등은 로마령으로 병합되었다.

도미티아누스의 폭정

84년 아그리콜라를 소환한 사실이 암시하고 있는 것처럼 도미티아누스는 서서히 전제적인 폭군으로 변해갔다. 수에토니우스에 의하면,

> 나라를 다스리게 되고 얼마 동안 도미티아누스는 악덕과 미덕을 반반씩 섞어서 여러 가지 면모를 국민 앞에 보였는데, 결국 미덕마저 악덕으로 변질시켜 버렸다.(『열두 명의 카이사르』〈도미티아누스〉 3:2)

도미티아누스는 86년 이래 스스로를 '주인이자 신dominus

et deus'으로 부르게 했다. 이것은 종래의 '원수'제의 부정으로 연결되어 원로원과의 대립이 심각해졌다. 그러나 도미티아누스는 권력을 앞세워 철저히 탄압해 유력 귀족이나 정치가들을 차례로 처형하고 재산 또한 몰수했다. 이미 87년에는 반도미티아누스 음모가 몇 건 드러나 모두 숙청되었다. 88-89년의 사투르니누스의 반란도 이와 연관된 사건이었다.

적대한 일파에 대하여, 몸을 숨기고 있던 그들의 공모자를 색출하기 위해, 새로운 형태의 고문을 사용해 심문하고 음부를 태워 고통을 주고 몇 명은 손을 절단했다……(수에토니우스, 앞의 책, 10:5)

93년에는 스토아파의 철학자들이 한 명도 남김없이 이탈리아에서 추방되었다. 노예 출신의 유명한 철인 에픽테토스도 로마에서 그리스 북서부 에페이로스 지방의 니코폴리스로 쫓겨났다. 이 93년부터 도미티아누스가 살해당하는 96년까지는 노골적인 공포 정치가 출현해, 어느 누구도 마음 편히 잠을 잘 수 있는 사람이 없었다. 결국 이 광기의 정치는 95년 도미티아누스가 사촌형제인 F. 클레멘스를 죽이고 그 아내를 추방하기에 이르러 정점에 달했다. 이 두 사람은 유대교도(혹은 그리스도교도)였던 듯하다. 마침내 이런 도미티아누스의 광기 어린 행위들로 겁에 질린 아내 도미티아는 친구들과 친위대 병사들과 공모해 도미티아누스를 침실에서 암살했다. 96년 9월 18일의 일이다. 기뻐한 원로원은 그의 비명碑銘을 도처에서 삭제했고, 또한 그의 이름에 저주를 내리고 그와 관계있는 일체의 기록을 없애버리기로 결의했다.

또한 도미티아누스 치세의 말기가 다가올 때 그리스도교도의 박해가 제국 내(특히 소아시아)에서 일어났다. 이것은 확실히 도미티아누스가 개인적으로 지시한 것은 아니었다. 그러나 네로의 치세 아래에서와 마찬가지로 그리스도교도는 일반 로마인에게는 건방진 반사회적 존재로 비치고 있었고, 특히 자신을 '주인이자 신'으로 부르라는 도미티아누스의 요구를 받아들일 수 없었던 그리스도교도는 쉽게 박해에 노출되었다. 에페소스에서는 황제 배례에 사용되었던 등신대의 네 배나 되는 도미티아누스 상像도 발견되었다.

오현제 시대의 개막

도미티아누스의 사후 원로원 의원인 네르바가 원로원으로부터 원수로 임명되었다(재위 96-98년). 그는 온후한 성격으로 무엇보다도 원로원과 제위帝位의 협조에 고심했기 때문에 정국은 안정되었다. 그는 또한 원수가 되었을 때 이미 60세에 자식이 없었기 때문에 97년 가을, 상 게르마니아Germania Superior의 총독 트라야누스를 양자로 맞이해 공동 통치자로 삼았다. 그 이후 트라야누스, 하드리아누스, 안토니누스 피우스 네 명의 황제는 각자 자식이 없거나, 혹은 일찍 죽었기 때문에 네르바의 전례를 따라 양자를 들였다. 따라서 이것을 '양자 상속 제정 시대'로 부르게 되었다. 이것은 지금까지의 황실의 여성이 얽힌 추악한 제위 쟁탈전이나, 우매한 인물의 즉위를 막을 수 있었다는 의미에서도 현명한 대책이었다.

실제로 이 네 명에 더해, 안토니누스 피우스 황제의 양자가 된 마르쿠스 아우렐리우스 황제까지 다섯 명의 황제는 '오현제Five Good Emperors'로 칭송되고, 그들의 치세 아래에서 로마 제국은 그 권세의 최전성기를 맞이하게 된다. 원로원과의 협조도 순조로웠고 여러 도시가 번영을 누렸고, 또한 제국은 대외적으로는 안정적인 지배, 확장 정책을 수행할 수 있었기 때문이었다. 『로마 제국 쇠망사』의 저자 기번은 이들 '오현제'의 시대를 '세계 역사 중에 인류의 상태가 가장 행복하고 융성했던 시기'라고 극찬을 아끼지 않았다. 다만 이 시대에 이미 훗날 제국의 쇠망의 싹이 올라오기 시작했다는 것 역시 간과해서는 안 될 것이다.

황제 네르바는 긴축 경제를 펼쳐 국고를 재건하고 국가에서 사들인 토지를 빈민에게 나눠주었다. 또한 로마의 하층민에게는 곡물을 분배했다. 이탈리아나 속주의 식민지에는 자비로운 통치가 베풀어졌다. 그 밖에 도로나 수도 시설의 건설도 시행했다. 그리고 2년의 통치 끝에 사망하자 그때까지의 공동 통치자였던 트라야누스가 단독 지배를 시작하는 형태로 아무런 문제 없이 원수가 되었다(재위 98-117년).

문예 방면에서 특기할 만한 것은 유대 전쟁 후 로마에 이주했던 요세푸스(히브리 이름은 마티탸후의 아들 요세프Yosef ben Ma-tityahu)가 75-79년경 유명한『유대 전기De Bello Iudaico』를, 또한 93-94년에는『유대 고대지Antiquitates Iudaicae』를 저술한 것이다. 경향성을 지닌 저술이긴 하지만 유대교 예수파가 전개되던 시기 유대의 역사 서술로서 그의 저술에 견줄 수 있는 자료는 없다.

2. 유대 전쟁 후의 팔레스티나

로마의 세금

유대 전쟁이 끝난 뒤, 이미 언급했던 유대의 수용 토지 이외의 토지에도 혹독한 세금이 매겨졌고, 그에 더해 로마의 팔레스티나 주둔 부대 및 행정 관리를 유지하기 위해 새롭게 '작물세'가 생겼다 황제 도미티아누스는 앞서 언급한 '유대 금고'를 확대 통용시켜 유대인의 조세 부담을 늘리고 혹독하게 거두어들임과 동시에, 로마에서 유대교로의 개종을 엄금했다. 또한 아그리파 2세가 죽자 그의 영지를 몰수해 로마의 영토로 삼았다.

가말리엘 2세의 활약

한편 요하난 벤 자카이의 제자들은 야브네를 중심으로 새로운 율법 연구에 온 힘을 쏟았다. 이윽고 요하난이 야브네를 물러나자 그 뒤 지도자로서 힐렐 계의 라반 시메온 벤 가말리엘 1세의 아들인 라반 가말리엘 2세가 등장한다. 그는 최고법원(산헤드린)의 총주교Nasi의 지위에 올랐는데(90년경-110년경), 이것은 유대인 공동체의 최고 권위직을 의미한다. 덧붙여 이 총주교의 지위는 기원 5세기에 이르기까지의 전 기간 동안 거의 한결같이 사람들이 다윗의 후예로 간주한 힐렐 계통에 의해 이어져왔다. 이것이 유대인들에게는 이스라엘 부흥의 마지막 희망의 징표였다는 것은 이해하기 어렵지 않다.

이윽고 가말리엘 2세의 치하에서 최고법원은 기원 70년 이전의 권위를 거의 재획득하기에 이르렀다. 법원은 행정 및 할라하Halakha(종교적 삶 전반에 관한 규정) 해석에 관한 최고 결정 기관이 되었고, 또한 토라(율법) 연구의 중앙 연구 기관Yeshiva이 되었다. 이렇게 해서 가말리엘 2세의 종주권 밑에서 뒤에 나올 탄나임Tannaim의 제2세대(90년경-130년경)가 활약한다. 일찍이 요하난 벤 자카이의 제자 랍비 요슈아 벤 하나니야나 랍비 엘리에제르 벤 휘르카노스가 여전히 활약했을 뿐 아니라, 애초에 요하난 벤 자카이를 따르는 것을 탐탁지 않게 생각했던 학자들도 가말리엘 2세의 야브네에는 결집했다. 광범위한 사회 배경을 지닌 이런 '랍비'들이 모인 것이 새로운 체재의 중핵을 담당하게 되었다. 또한 디아스포라로의 사절 파견도 재개되어 팔레스티나와의 결속도 긴밀해졌다. 나아가 '유월踰越의 하가다(설화)'가 성립되어, 신전에서의 희생 의식 없이도 유월절을 축하할 수 있는 새로운 식순式順이 확립되었다.

가말리엘 2세는 96년이 되자 안티오키아로 떠났고 거기에서 유대인 공동체의 수장으로 총독으로부터 정식 승인과 서임을 받았다. 이것이 네르바 황제의 시대였다는 것은 쉽게 이해할 수 있다. 플라비우스 조는, 유대 전쟁의 지도자 중 한 명이었던 라반 시메온 벤 가말리엘 1세의 아들 가말리엘 2세에게 유대의 지도권을 위임한다는 게 불가능했을 것이다. 하지만 황제 네르바의 시대가 되자 드디어 유대인에 대한 유화책이 취해지게 되었다.

이단에 대한 저주

그리스도교와의 분리도 관철되었다 1세기가 끝날 무렵, 유대교 예배의 기본을 이루는 '18기도문Shemoneh-Ezr'이 드디어 확정되었는데, 동시에 새롭게 그 12번 조항으로서 주로 유대인 그리스도교도를 염두에 둔 이단자들의 멸망을 기원하는 '이단자들에 대한 저주birkat ha-minim'가 삽입되었다(그 때문에 실제로는 '19기도문'이 되었다). 이것을 팔레스티나식 글로 인용하면 다음과 같다.

배교자들에게 희망이 없기를. 오만한 왕국은 우리의 시대에 근절이 되기를. 또한 노제림Nozerim('나사렛인들' 즉 '그리스도교도들')과 미님minim(이단자)은 즉각 멸망해 생명의 책에서 지워져 의로운 사람들과 같이 적히지 않기를……

네르바의 '유대 금고' 처리

황제 네르바는 '유대 금고'의 적용을 완화해 그 이후 '유대교도'인지 아닌지는 신고제가 되었다. 반대로 유대인이라 해도 그의 귀속을 신고하지 않고 그리스도교를 믿는 자는 '유대교도'가 아니게 되었다. 하지만 이것은 결과적으로 '유대 금고'가 유대교와 그리스도교를 원리적으로 준별峻別하는 일종의 기준으로 작용했다는 것도 의미한다.

정전의 결집

나아가 일반적으로 90년경이라고 전해지는 (구약)성서의 정전 결집을 들 수 있다. 이것도 주로 그리스도교회와의 대결에서 생겨났다. 즉 교회 측이 '칠십인역Septuaginta'이라고 불리는 성서의 그리스어 번역(기원전 3세기 이후 완성)을 이용해 유대교와의 논쟁을 수행했기 때문에, 유대교 측에서도 정전의 확정이 급선무가 된 것이다.

또한 시간이 흐르면서 할라하(법규)의 해석 방법이 힐렐 계통으로 통일되어, 샴마이Shammai파의 전통은 배제되어 갔다.

'힐렐 가문의 가르침을 거스르는 자는 누구라도 죽음에 처해
질 것'이라고까지 말해지게 되었다.

제2절 **그리스도교의 성립을 향한 고투**

그리스도교의 성립

이 시기는 이미 시사된 바와 같이 유대교 예수파가 유대교에서 명확히 떨어져 나와 '그리스도교'로서 독자적인 발전을 이루기 시작했던 시대이다. 물론 70년을 경계로 해서 하룻밤 사이에 '그리스도교'가 되었다는 의미는 아니다. 예수파의 유대교로부터의 분리는 지역이나 공동체에 따라 정도의 차이는 있지만 그 이전부터 서서히 진행되어 갔다. 그러나 70년이라는 해에 그때까지의 유대교의 이른바 총본산이었던 예루살렘과 그 신전 체제가 괴멸되었을 때, 유대교 예수파는 결정적인 탈피와 독립의 시기를 맞이하게 되었다. 따라서 70년 이후 예수파 운동의 모습을 묘사할 때부터 '그리스도교'라는 단어를 사용하는 것이 적당할 것이다.

그런데 그리스도교가 독립을 맞기 위해서는 당연히 '자기'를 확립하는 것이 필요하다. 지금까지의 유대교와의 관계를 총괄하고, 그것과 자기의 그 이후의 모습을 명확히 하고, 무엇보다도 스스로가 무엇에 근거한 공동체 운동인가를 자타에 대해서 선명하게 하지 않으면 안 된다. 말을 바꾸면 자기 아이덴티티의 확립이 급무가 되는 것이다. 이 과제를 앞두고 신생 그리스도교의 내부에서는 두 개의 중요한 움직임이 보인다. 하나는 '복음서'의 성립이고 또 하나가 '바울로 서간'의 수집과 편집이다.

복음서의 탄생

먼저 복음서의 성립부터 살펴보면 그 책들이 '복음서'(그리스어 euangelion, 즉 '복된 소식'이란 그리스도교의 근본 보지報知와 같은 말뜻)'―란 이름으로 불리게 된 것은 2세기 중반 이후이다. 또한 마찬가지로 이것들에 '마르코' '마태오' '루카' '요한'이라는 이름이 붙은 것도 2세기 이후이다. 애초에는 아마도 이 문학 유형에는 독자적인 이름도 없었고, 또한 저자들의 실제 이름도 알려지지 않았을 것으로 생각된다.

실제로 성립했던 것은 예수의 '삶과 죽음'을 그린 이야기 문학이다. 따라서 넓은 의미로는 '전기vita'에 속하는 것이었겠지만, 선교적 관심과 다른 이유들로 인해 독특한 변모를 이루게 되었을 것이다. 편의적으로(시대착오를 각오하고) 여기에서는

'마르코 복음서의 성립' 등등의 표현을 사용하기로 한다.

〈마르코 복음서〉의 성립

최초에 등장한 것은 〈마르코 복음서〉이다. 시기는 아마도 유대 전쟁이 종결되고 난 뒤, 즉 70년대이다(〈마르코〉 13장 참조, 통설은 '70년경'). 성립된 지역은 확실하지는 않지만 시리아, 데카폴리스, 로마 등 다양한 설이 있는데 그중에서도 시리아 남부 설이 가장 개연성이 높은 것으로 생각된다.

'마르코'라고 불렸던 아마도 이방인 출신의 작자는 기적 이야기 전승(군群)이나 수난 이야기 전승을 중심으로 다양한 예수 전승을 수집하고 편집해, 등장에서부터 그 비참한 죽음에 이르기까지의 예수의 모습과 그의 활동 및 그와 그의 '제자들'과의 관계를 생생하게 묘사해내는 데 성공했다. 예수의 '복음'이 추상적인 '케뤼그마kerygma(선교용의 짧은 문장)' 안에 매몰되지 않고, 드라마적 요소가 풍부한 생생한 이야기로서, 게다가 예수가 비극적인 몰락을 통해 처참하게 죽어간 이야기로서 현전하게 된 것이다. 작자는 이 이야기의 총체야말로 '복음의 근원beginING of the gospel'(〈마르코〉 1:1)이라는 주장을 기초로 해서 작품을 독자에게 제시하고 있다.

한편 작자가 상정하고 있는 독자는 주변으로부터의 박해의 위험 한가운데 있다(13장 등 참조). 작자는 그러한 그들에게 이 예수의 모습이 반대의 임팩트로 작용해, 오히려 그들이 용기를 낼 수 있게 되기를 바랐을 것이다. 또한 동시에 이러한 이야기 형식으로 제시되는 것에 의해 예수의 삶의 현실적, 사회적 차원이 추상적으로 사라지지 않고 선명한 이미지를 맺게 되었다. '죄인과 세리들'(2:16)과 함께 어울리며 활동하고 결국은 참살되어 가는 예수의 모습을 생생하게 파악할 수 있는 것은 〈마르코 복음서〉의 업적이라고 할 수 있다. 다만 본문 비평학적으로 보면, 현재의 〈마르코 복음서〉가 원래의 〈마르코 복음서〉에 미세한 표현 수정을 가한 판본일 가능성도 존재한다.

〈마태오 복음서〉의 성립

주로 예수의 어록을 모은 Q문서의 기록자 집단은 아마도 유대 전쟁 전에 팔레스티나를 떠나 결국 시리아 방면 등으로 흩어졌을 것으로 생각되는데, 그중의 한 그룹의 전승은 약간이라고는 해도 독자적으로 발전한 형태를 취하고 있다(Q마태오라고 불린다). 이 Q문서와 동시에 〈마르코 복음서〉를 손에 넣은 공동체가 있었다. 마침 그들은 그때까지의 자신들의 선교에 귀를 기울이지 않았던 유대교 공동체에서 결정적으로 떨어져 나와 이방인을 대상으로 한 선교로 자각적으로 방향을 전환했을 때였다.

거기에서 한 명의 편집자가 〈마르코 복음서〉를 골격으로 삼고, 거기에 그의 주변에 있던 Q문서의 내용을 삽입해서 자신들의 현 상황에 보다 적합한 새로운 복음서를 편찬했다. 이것이 후대에 〈마태오 복음서〉라고 불린 문서이다. 성립은 80년대, 시리아의 어느 작은 도시에서 성립되었을 것으로 생각된다. 처녀 수태의 관념(1:18 이하)이나 '피를 마신다'고 하는 성찬 표상(26:28)이 유대인으로서는 허용하기 어려운 이야기라는 점으로 보면, 작자는 유대교에 대해 잘 알고 있지만 근본적으로는 이방인 출신의 그리스도교도였던 것으로 생각된다(통설에 의하면 '유대인 그리스도교도'). 어찌됐든 이 복음서에서 가장 중요한 테마는 현실의 유대 민족과의 결별 및 유대교로부터의 탈피이다.

루카 문서의 성립

Q문서를 만든 별도의 그룹은 다른 경로를 거쳐 시리아 내지는 소아시아의 도시에 정착했던 것으로 보인다. 거기에서 원래의 자료는 '예수의 말'로 한층 더 확장되어, 특히 예수의 비유를 중심으로 한 새로운 자료군과 결합되어 확장되었다(이것을 Q루카라고 부른다). 이윽고 이 문서는 〈마르코 복음서〉 안에 삽입되는 형태로 —즉 〈마태오 복음서〉의 경우와 비슷하게, 하지만 다른 수법으로— 편집되어 새로운 복음서가 되었다. 〈루카 복음서〉라고 불리게 되는 문서의 탄생이다. 그 안에는 저자의 공동체 신앙을 기초 짓는 '예수의 시간'이 과거의 역사로서 묘사되고 있다. 성립은 〈마태오 복음서〉와 같거나 약간 뒤인 80년대 후반부터 90년대 전반 무렵이고, 로마, 시리아 연안, 혹

은 그 밖의 아마도 상당히 큰, 유대교의 영향이 강한 헬레니즘적인 도시에서 이루어졌을 것이다.

저자는 '의사 루카'(〈필레〉 24, 〈콜로새〉 4:14, 2티모 4:11)와 결부되어 〈루카 복음서〉로 불리지만 명확한 사실은 아니다. 다만 작자는 아마도 이방인 그리스도교도였을 것이다(이상의 〈마르코 복음서〉, 〈마태오 복음서〉 및 〈루카 복음서〉는 상호간의 구성이 상관관계가 있어서 이 세 복음서를 '공관복음서Synoptic Gospels'라고 부른다).

루카의 작품은 하지만 이것으로 끝나지 않는다. 그는 '예수의 시간'을 그린 복음서에 이어 '교회의 최초의 시간'을 이야기하는 책을 썼다. 나중에 〈사도행전〉(또는 〈사도 언행록〉)이라고 이름 붙여진 작품으로 그리스도교의 복음이 어떻게 예루살렘 원시교회에서 이방인에게 미치고, 나아가서는 바울로에게 짊어지워져 제국의 수도 로마에까지 이르렀는지를 강도 높게 이상화해서 서술하고 있다. 그것에 의해 루카 공동체의 사람들은 자신들의 전통의 진정성을 확신하고, 새롭게 아이덴티티를 키웠을 것이다. 동시에 이것은 〈루카 복음서〉와 나란히 그리스도교가 어떻게 로마 제국과 그 권력에 대해 무해한 것인지를 변증하려고 시도한 호교apologia의 책이기도 하다. 성립한 것은 90년대였을 것이다.

요한권圈 내의 문서

또한 앞의 세 공관복음서 외에 또 하나의 중요한 복음서(및 그것을 성립시킨 공동체)가 존재한다. 〈요한 복음서〉이다. 전통적으로 '요한'이라고 불리고 있는 이 복음서의 원저자는 아마도 90년대 남 시리아(다른 가설은 에페소스, 이집트의 알렉산드리아 등)의 유대교의 지배력이 강했던 지역의 그리스도교 공동체의 카리스마적 지도자였을 것으로 추측된다.

그는 독자적인 기적 이야기집(이른바 '증거 자료semeia source'[*])이나 수난 이야기 및 그 밖의 자료를 융합하고, 또한 이미 존재하고 있던 공관복음서를 간접적으로 전제하고서, 자신의 고유한 신학을 관철하는 복음서를 편찬했다. 목적은 공동체의 내적 강화이다. 당시 이 공동체는 유대교의 격렬한 공격에 노출되어 있었던 것으로 이해되고 있고, 그에 더해 세례자 요한의 제자들과도 경합하고 있었다. 다만 이 복음서는 원저자에 의해 현재의 형태로 완성된 것이 아니고, 원저자가 쓴 것에 그의 제자들의 손을 거쳐 최종적 형태를 취하기에 이르렀다(특히 21장 참조).

---

[*] 루돌프 불트만이 제창한 〈요한 복음서〉에 '기적의 복음서'라는 자료가 사용되었다고 보는 가설. 공관복음서에는 없고 〈요한 복음서〉에만 나타나는 기적 이야기들과 'semeia(기적)'란 표현이 〈요한 복음서〉에만 나타난다는 사실에서 어떤 문서, 혹은 구술 자료가 존재했을 것으로 본다.

또한 이 공동체(및 그 세력권 내) 안에서 1세기 말경, 〈요한의 서간〉 세 작품이 저술되었다. 첫째와 둘째 서간에서 최대의 문제는 그리스도가 육체를 입고 나타나 죽었다는 것을 부정하는 가현론假現論적 그노시스주의docetic Gnosticism와의 싸움이다. 1세기가 거의 끝나갈 무렵 그리스도교 자체의 내부에 커다란 원칙적 대립이 생겨났다는 것을 추측할 수 있다. 셋째 서간에서는 그러한 원칙 이해가 문제가 되지 않는 듯하지만, 이것은 단독 주교 체제로 향하기 시작하는 도상에서의 지도권 다툼이라고도 이해할 수 있는 매우 흥미로운 단신短信이다.

또한 이 〈요한 복음서〉의 몇 구절(18:31-33, 37-38)을 포함해, 신약 관련 최고最古의 파피루스 단편이 20세기 전반에 이집트에서 발견되었다. 이른바 라일랜즈Rylands 파피루스 457(신약성서 본문 비평에서 말하는 '파피루스 52번')로, 쓰인 것은 2세기 초로 판단된다. 이것은 〈요한 복음서〉의 비교적 이른 성립을 입증함과 함께, 앞에서 말한 이집트의 그리스도교가 일찌감치 융성했다는 사실을 암시하고 있다.

바울로 권圈의 움직임

그런데 앞의 시대에 활약했던 바울로의 선교의 성과는 어떻게 되었을까. 확인할 수 있는 것은 바울로의 제자들이라 할 수 있는 후계자들이 사도使徒의 유산을 계승, 발전시켜 나갔다는 것이다. 그것을 위해 우선 바울로의 서신이 모아지고, 편집되고, 공부의 자료가 되었다.

그것이 새롭게 독립한 그리스도교의 아이덴티티 확립을 위해서는 가장 큰 대책의 하나였다. 왜냐하면 바울로가 제시했던 율법(토라)을 초월한 구원의 가르침이 그리스도교를 유대교로부터 분리하는 데는 가장 적합했기 때문이었다. 그로 인해 한 시대 전까지만 해도 마이너리티에 지나지 않았던 '과격한 자'로 '급진파'였던 바울로의 가르침이 70년 이후, 갑자기 각광을 받기 시작한 것이다. 율법을 준수하고 할례를 받아 유대인이 될 필요가 전혀 없는, 그러나 이스라엘에 직접 전해진 전통적 구원을 확증하는 가르침이야말로, 모두가 바랐던 이데올로기였기 때문이다.

그러나 이것은 아마도 바울로 자신의 의도와는 완전히 달랐을 것이다. 바울로는 결코 스스로를 유대교로부터 떼어내려 하지 않았을뿐더러 자신이야말로 유대교의 신의 새로운 계시에 가장 충실한 자로 이해했기 때문이다. 바로 그렇기 때문에, 최후에 그는 예루살렘에 이른바 화해의 여행을 가려 했던 것이고, 그로 인해 사로잡혀 목숨을 잃게 된 것이었다. 이 사실을 생각하면, 이 바울로에 대한 급격하게 높아진 평가는 역사의 아이러니의 하나라는 것을 알 수 있다.

〈콜로새 신자들에게 보낸 서간〉의 위치

동시에, 바울로의 여러 편지를 정독한 후계자들은 자신들이

나름대로 이해한 바울로의 정신을 가지고 그들 시대의 문제와 대결해 나갔다. 그것의 최초의 명확한 구현이 〈콜로새 신자들에게 보낸 서간〉이다. 여기에는 한 명의 바울로 학도가 바울로에 의해 54년경 콜로사이 교회(및 그 인근의 다른 교회) 앞으로 보내졌다고 하는 체재의 서간을 창작했다. 그 의도는 교회 내부의 이단적 존재에 대한 반박에 있었다. 즉 교회 안에 헬레니즘적 종교 혼교混交에 기반한 여러 우주적 영력(스토이케이아)의 인식과 숭배를 그리스도에 이르는 결정적 요소로 하는, '철학' 신봉자들이 생겨났던 것이다(〈콜로새〉 2:8). 그들은 거기에서, 원래 유대교에서 유래하는 역법이나 음식물 규정을 스스로의 '영력' 숭배에 적합하게 만들고, 동시에 극단적인 금욕주의로 빠졌다(〈콜로새〉 2:16, 21). 저자는 이것이 본래의 그리스도 중심주의와 거기에서 나온 신앙 생활의 포기를 의미한다고 판단해, 이 경고의 책을 저술한 것이다. 성립 시기는 정확하지 않지만, 80년대에 장소는 에페소스 부근이었을 것으로 일반적으로 상정되고 있다.

이 〈콜로새 신자들에게 보낸 서간〉은 나중의 바울로 학파의 발전에 있어서 극히 중요한 의미를 가지게 된다 이 서간에 직접 의존해서, 그것의 신화적, 사변적 측면을 한층 더 진화시킨 형태로 이윽고 〈에페소 신자들에게 보낸 서간〉이 출현해, 그 흐름이 나중에 안티오키아의 이그나티오스로 연결됨과 동시에, 그리스도교 그노시스주의 속의 바울로 상像과 연결되어 간다.

한편, 〈콜로새 신자들에게 보낸 서간〉에 있는, 전승되어왔던 설교에 대한 충실함의 관철이라는 사고(2:7)는, 머지않아 〈테살로니카 신자들에게 보낸 서간〉을 거쳐, 훗날의 '목회 서간'으로 연결되고, '초기 카톨리시즘'(5세기 이후의 '정통파' 교회 체제에 이르는 전 단계를 이렇게 부른다)의 이데올로기적 모태가 되어 간다. 즉, 후대의 바울로주의의 이른바 좌파와 우파가 동거하고 있는 것이 〈콜로새 신자들에게 보낸 서간〉이다.

〈테살로니카 신자들에게 보낸 둘째 서간〉과 〈에페소 신자들에게 보낸 서간〉

〈테살로니카 신자들에게 보낸 둘째 서간〉의 저자는, 그가 연관된 교회권에서, 마찬가지로 바울로의 이름에 의존하면서 '주의 날은 벌써 왔다'(2:2)라고 하는 (저자에 의하면) 잘못된 종말론을 설파하는 자들을 공격하는 것과 동시에 '나태한 생활'(3:6, 7, 11)에 익숙한 자들에게 바울로의 가르침을 따라 근면하게 생활할 것을 권고한다. 이 서간은 특히 〈테살로니카 신자들에게 보낸 서간〉을 모델로 해서, 마케도니아나 소아시아에서 대략 90년경에서 1세기 말경에 걸쳐 성립되었을 것으로 보인다.

〈에페소 신자들에게 보낸 서간〉은 에페소스의 신자들 앞으로 보내진 것이라고 전승되고 있긴 하지만, 1장 1절 '(에페소에 있는) 성도들에게to the holy ones who are (in Ephesus)' 안의 '에페소에 있는'은 본문 비평적으로 이차적이고, 원래는 구체적인 수신인이 없는 회람이었을 것으로 생각된다. 그때 저자의 염두에 있었던 것은, 이방인 그리스도교도가 유대인 그리스도교도(및 유대교)가 담당해왔던 구원의 역사의 전통으로부터 이탈해 교회의 보편성이 붕괴되어버릴 위험이었다. 이에 대해 저자는 혼교주의적, 비의적, 신화학적 사변을 이용해서 이방인 그리스도교도들에게 권고를 주고 있다. 또한 저자는 〈콜로새 신자들에게 보낸 서간〉을 문서로서 지니고 있었고, 스스로의 의도에 따라 그것을 발전시키고 있다. 집필 시기는 1세기가 끝날 무렵, 성립된 곳은 소아시아 부근으로 보는 게 타당할 것이다.

이렇게 볼 때 바울로 학파도 역시 바울로의 보지報知를 유지해 자기의 아이덴티티를 확립해가면서, 교회 성원들의 일치를 추구하고, 교회 내부의 분파화와 싸웠다는 것을 알 수 있다. 그러나 그것은 반대로 —그리고 어떤 의미에서는 보다 공평하게— 말하면, 바울로 학파 자체의 내부에 제각각 독자적으로 바울로를 '현재화actualize'하는(과거의 전승을 현재에도 의미 있는 것으로 만드는) 다양한 조류가 존재했고, 각각의 조류가 자신의 그리스도교적 아이덴티티의 획득에 필사적이었다고도 말할 수 있다.

도미티아누스 치세의 박해 속에서

90년대의 그리스도교계에 커다란 충격을 끼친 사건은 앞에서 서술했듯이 도미티아누스 황제 만년의 시기에 도래했던 대박해이다. 그것은 특히 소아시아에서 격렬했다. 이 위기를 맞이해, 에페소스를 비롯한 소아시아 여러 도시의 그리스도교도를 격려하고, 목숨을 걸고라도 신앙에 충실히 머물 것을 계속해서 권고했던 것이 〈요한 묵시록〉이다. 4장 11절에서 '주님이신 우리 하느님'이라는 도미티아누스 황제가 스스로에게 요구했던 칭호가, 의식적으로 하늘의 신에 대해 사용된 것은 우연이 아니다. 동시에 이 책에서는 다가올 박해를 배경으로, 로마제국이라고 하는 악마의 멸망과 천국의 도래를 대망待望하는 강렬한 종말 의식이 끓어넘치고 있다.

이와 마찬가지로 도미티아누스 황제 치세의 박해를 배경으로 1세기가 끝날 무렵 성립되었다고 생각되는 것이 〈베드로의 첫째 서간〉이다. 이것은 '폰토스, 갈라티아, 카파도키아, 아시아, 비티니아'(1:1) 교회 앞으로 부쳐진, 고난을 앞에 둔 사람들을 위한 위로와 권고의 책이고 성립된 곳도 아마 같은 지방이었을 것이다(5장 13절의 '바빌론'이 로마를 표시하는 은어이기 때문에 로마에서 성립된 것으로 보는 이설異說도 있다).

〈야고보 서간〉과 〈히브리인들에게 보낸 서간〉

두 개의 독자적인 신약 문서에 관하여 살펴보자. 하나는

80년대 무렵에 성립되었다고 간주되는 〈야고보 서간〉이다. 성립 장소도, 5장 7절의 기상 현상 등을 감안한다면 아마도 시리아가 아니었을까 생각되고 있다. 저자는 일반적인 지혜문학적 권고문을 적어 내려간 듯 보이면서도 실제로는 교회 내외의 세속적 권익 획득에 매진하는 도시 부유층 지향의 신자들에 대해 강력한 권고와 경고, 경우에 따라서는 단죄의 언어를 말하고 있다. 그러한 그들이 무엇보다도 바울로의 의인론義認論을 (의도적으로?) 제멋대로 자신들에게 유리하게 곡해해서 신앙의 윤리성의 골자를 없애는 행태에 대해서는 특히 준엄한 비판을 가하고 있다(2:14 이하).

또 하나는 80-90년경 쓰인 것으로 생각되는 〈히브리인들에게 보낸 서간〉이다. 이 제목은 이차적인 것이고 실제로는 수신인이 없는 '격려의 말'(13:22) 즉 설교(집)이다. 이것은 신앙에 권태를 느끼고, 박해나 유혹을 만나 끝내는 신앙을 포기할 위험에 빠진, 아마도 이탈리아(내지는 로마)의 그리스도교도(13:24 참조)를 염두에 두고서 저술된 책일 것이다. 또한 그 안에 있는 '대사제 그리스도'론은 독특한 그리스도론이다. 70년에 예루살렘 신전이 멸망해, 더 이상 제의 예배가 불가능해졌음을 근거로 해서, 진정한 '대사제'인 예수에게서 그러한 제의 행위 일체가 '단 한 번'(9:27-28 등) ―따라서 결정적으로― 채워졌기 때문에 신전 제의는 더 이상 원리적으로 필요하지 않다는 것을 논증하고 있다.

가장 오래된 사도 교부 문서

마지막으로 신약 문서가 아니고, 또한 후대의 교부 문서도 아닌 이른바 그 중간의 '사도 교부Apostolic Fathers 문서'에 속하는 〈클레멘스의 첫째 서간〉에 대해 간단히 짚어 보겠다. 이것은 도미티아누스 치하의 박해 직후(1:1)인 79년경, 로마 교회의 감독 내지는 장로의 대표격이었던 클레멘스라는 인물이 코린토스 교회 앞으로 쓴 것이다.

즉 코린토스 교회에서는 젊은 사람들이 장로 몇 명을 직무에서 해임했고(1:1, 3:3, 44:3, 4, 6), 그로 인해 그들을 파면한 것은 죄와 같다고 선언한다(42, 44장). 또한 동시에 규율의 확립을 위해 몇 가지 권고가 주어지고 있다. 이 책은 이미 1세기가 끝날 무렵, 로마 교회가 다른 교회에 간섭할 수 있을 정도의 지위를 갖고 있었다(고 스스로 믿고 있었다)는 사실과 동시에, 교회 내의 역직제役職制가 뚜렷이 신적 권위를 부여받기 시작했다는 것을 증거하고 있어, 훗날 로마 카톨릭 교회 체제의 맹아가 엿보이는 문서이다.

제5장 | 그리스도교의 전파, 박해, 내부 항쟁 (100년경 - 200년경)

이 백 년간 로마에서는 우선 오현제 시대가 도래했다. 로마 제국의 정점이라 할 수 있는 시기이다. 그러나 네르바의 뒤를 이은 트라야누스, 그리고 하드리아누스, 안토니누스 피우스의 최전성기를 지나, 다섯 번째인 마르쿠스 아우렐리우스 황제의 치세가 되면 이미 사양의 그림자가 비치기 시작해, 2세기 말의 어리석은 황제 콤모두스 시대부터는 명백히 내리막길로 향하며 위기가 깊어져 간다.

그리스도교와 완전히 갈라선 유대교는 로마의 지배에 대해 한두 번에 그치지 않은 반란을 시도한다. 특히 팔레스티나의 유대인을 다시 한 번 궐기하게 한 대전쟁은 그 땅을 말 그대로 괴멸시켰다. 그러나 유대교는 불사신의 힘으로 다시 살아나 로마에 철저히 충성을 다하면서도 자기의 전통을 확보, 관철했다. 한편 그리스도교는 착실하게 판도를 넓혀갔지만, 그 안팎에서는 여러 가지 어려움에 직면하게 된다. 특히 그리스도교 내부의 분열, 즉 주류파인 '정통파 교회'(이것을 '대교회'라고도 부른다) 측에서 보면 '이단'과의 싸움이 문제가 되었다.

제1절 **초기 그리스도교 주변의 세계**

1. 사양길에 접어든 로마 제국

판도의 최대화

우수한 군인이었던 트라야누스(재위 98-117년)는 제위에 등극한 뒤 적극적인 대외 정책으로 방향을 전환했다. 먼저 다키아를 염두에 두고서 전쟁 준비를 하고, 101년 스스로 군대를 이끌고 도나우 강을 건넜다. 이윽고 102년 다키아의 수도 사르미제게투사를 점령해 데케발루스 왕과 평화 협정을 맺었다(제1차 다키아 전쟁). 105년에는 다시 전쟁이 벌어졌는데 106년에 수도는 다시 함락되었고, 데케발루스 왕은 도피하던 도중에 사망했다(제2차 다키아 전쟁). 이렇게 해서 다키아는 로마의 속주가 되었다. 이 승리에 의해 로마는 다키아의 철과 금을 얻을 수 있게 되어 국고가 한층 더 윤택해졌다. 또한 트라야누스는 다키아에 퇴직 병사나 시리아 및 소아시아의 백성들을 식민으로서 보내, 선주민은 다키아인들을 로마화시켰다. 현재의 루마니아 국명 Rumania('로마인이 사는 땅')은 이 로마화 정책의 흔적이다.

그해에 원로원은 트라야누스 원주 Colonna Traiana를 건립했는데, 거기에는 트라야누스 황제의 다키아 원정 모습이 상세하게 부조浮彫되어 있다. 또한 같은 해에 로마는 나바테아 왕국을 정복해 속주 아라비아 Arabia로 삼았다.

로마군은 또한 아프리카에서도 사하라 사막 경계까지 패권을 확장했다. 지금의 알제리에 해당하는 속주 누미디아에는 100년, 훌륭한 설비를 갖춘 식민 도시 타무가디 Thamugadi가 건설되었다.

트라야누스는 다키아 전쟁이 종결된 뒤, 그의 관심을 동쪽으로 향했다. 마침 아르메니아의 왕위를 둘러싸고 구실이 생겼기 때문에 트라야누스는 113년 파르티아 원정을 나섰다(113-117년). 114년, 아르메니아는 로마의 속주가 되었다. 또한 원로원은 트라야누스에게 '최고의 원수 Optimus Princeps'라는 칭호를 부여했다. 트라야누스는 115년에는 메소포타미아를 침공했고, 116년에는 티그리스 강을 건너 수도 크테시폰을 점령했다. 이로 인해 트라야누스는 스스로를 파르티아 왕 Parthicus이라고도 칭할 수 있게 되었다. 나아가 트라야누스는 티그리스

강을 따라 내려가 페르시아 만까지 도달했다. 이렇게 해서 메소포타미아 일대 전 지역이 로마의 지배하에 들어왔고, 속주 아시리아 및 속주 메소포타미아가 되었다. 여기에서 로마 제국의 판도는 사상 최대의 규모에 달했다.

그러나 115년에는 이미 이집트나 키레네에서 유대인의 반란이 시작되었고, 또한 메소포타미아에서도 116년 피정복민들의 반란이 일어났다. 동시에 트라야누스 자신이 병으로 시달렸다. 거기에서 트라야누스는 확장 정책을 포기하고, 파르티아에는 꼭두각시 왕을 세워놓고 귀로에 올랐다. 그러나 병상이 점차 악화된 끝에 황제는 결국 117년 여름 킬리키아에서 숨을 거뒀다.

확장 정책의 이유

트라야누스를 이은 것은 원래 트라야누스의 먼 친척으로, 그의 죽음 직전에 양자가 된(혹은 그렇게 주변에서 연출한) 하드리아누스(재위 117-138년)였다. 그의 치세의 최대 과제는 트라야누스가 사방으로 확대해놓은 로마 영토의 보전이었다.

애초에 플라비우스조朝부터 트라야누스 황제에 이르기까지 무엇이 그러한 대외 확장 정책을 취하게 만들었는지에 대해서는 여러 가지 설이 있다. 많은 현대의 역사가들은 이것을 경제적인 동기에서 찾고 있다. 이탈리아 농업의 큰 비중을 차지한 것은 노예를 이용한 대농장이었다. 따라서 정복 전쟁이 없어지면 필연적으로 노예의 공급원이 고갈되고 만다. 그에 더해 거기에서 생산된 포도주나 올리브유의 종래의 시장이었던 갈리아, 스페인, 아프리카 등에서도 머지않아 같은 작물을 생산하게 되어 시장이 부족해지기 시작했다. 따라서 새로운 확장 정복 정책에 나서지 않을 수 없었다고 말할 수 있다. 그러나 이러한 군사적 행동은 역으로는 엄청난 재정적 압력으로 변해갔고, 결국 하드리아누스에 이르러 방침 전환에 내몰리게 되었다고도 볼 수 있다.

하드리아누스의 정책 전환

하드리아누스는 그때까지의 적극 확장 정책을 포기하고, 방어로 자세를 전환했다. 그로 인해 하드리아누스는 그의 치세 기간 반 이상을 속주를 감찰하면서 국경 방위선을 강화하는 것에 소모했다.

먼저 하드리아누스는 동방 정책을 포기하고 파르티아와 평화 협정을 맺었다(117년). 그때 속주 아시리아와 메소포타미아에서 손을 떼고, 유프라테스 강을 국경선으로 정하고 동시에 아르메니아를 다시 비호국의 지위로 되돌려 파르티아계의 왕으로 인정했다.

다키아는 118/119년경, 상다키아와 하다키아 둘로 나누어 관리의 강화를 꾀했다. 121년 황제는 제1차 속주 감찰 여행에 나서(126년까지), 브리타니아, 스페인, 소아시아, 근동, 그리스 등을 방문했다. 122년에는 브리타니아에 '하드리아누스 방벽'을 쌓고 북방 경비를 견고히 했다. 게르마니아 방면에도 장성limes이 강화되었다.

126년 제1차 속주 감찰 여행에서 돌아온 하드리아누스는 그 뒤 아프리카로 떠났고 128년에 다시 제2차 속주 감찰 여행(128-134년)에 나섰다. 이번에는 소아시아, 안티오키아를 거쳐 130년에는 유대를 방문했다. 여기에서 하드리아누스는 느닷없이 예루살렘을 콜로니아Colonia(식민지) 아일리아 카피톨리나Aelia Capitolina(하드리아누스의 가명 아일리우스와 로마의 최고신 유피테르 카피톨리누스의 합성어)라는 이름의 유피테르 신전을 둔 이교異敎의 도시로 재건하는 작업을 시작했다. 이것은 그때까지 친유대적이었던 황제의 태도에 급격한 변화가 생겼음을 의미했고, 유대인에게 엄청난 충격을 줘 증오의 감정을 불태우게 했다.

하드리아누스는 그 뒤 이집트로 향했고 131년에는 시리아로 돌아와 아테네에서 겨울을 보냈다. 그리고 아테네를 떠나 발칸 반도로 향할 무렵, 유대에서 바르 코크바Bar Kokhba의 반란 즉 제2차 유대 전쟁(132-135년)이 발발했다는 보고를 받았다. 하드리아누스는 133년에 직접 유대로 갔고 134년에 로마로 돌아와 제2차 속주 감찰 여행을 마쳤다. 135년에는 바르 코크바의 반란도 진압되었다.

이렇게 해서 하드리아누스는 로마의 모든 영토를 직접 밟아

보게 되었다. 유명한 전승에 의하면 황제는 이 간단間斷 없는 여행 때문에 시인 A. 플로루스로부터 다음과 같이 풍자되었다고 한다.

나는 황제는 되고 싶지 않다. 브리탄니 족 사이를 방황하고, ……를 살금살금 걸으면서 스키티아의 겨울을 견뎌내는 것은 질색이다.

이에 대해 문재文才 있는 황제는 이렇게 비꼬아 답했다.

나는 플로루스는 되고 싶지 않다. 술집을 방황하고, 대중식당을 살금살금 걸으면서, 벌레 같은 뚱보들을 견뎌내는 것은 질색이다.(『히스토리아 아우구스타』 〈하드리아누스〉 16:3-4)

하드리아누스의 성과

사실 하드리아누스의 이 감찰 여행은 다양한 성과를 가져다 주었다. 이미 언급했듯이 국경 방비 체제가 정비된 것만이 아니었다. 군대에 관해서도 하드리아누스는 스스로 모범을 보여 군의 기강을 세웠을 뿐 아니라, 다양한 구성상의 개혁을 수행했다. 군제도 각지에 주둔하는 군단이 그 지역에서 신병을 보충할 수 있도록 고쳤다. 게다가 제국의 중요한 여러 제도도 하드리아누스에 의해 정비, 확립되었다. 즉 제국의 행정 제도, 관료제 및 속주의 통치 조직이 정비되었다. 속주에는 새롭게 도시가 지어져, 건물, 도로, 항만, 수도 등의 공공시설이 건설되었다. 또한 하드리아누스는 첫 번째 철인 황제로서 특히 그리스 문화를 애호해 그것의 부흥을 꾀했고, 특히 아테네의 정비에 마음을 썼다. 아테네 시의 중앙 구역을 확대해 도서관을 세웠고, 또한 그리스 최대의 제우스 신전 올림피에이온을 지었다 (130년).

하드리아누스는 136년 이래 병에 시달리게 되었다. 138년 하드리아누스는 아일리우스 안토니누스를 양자로 들였고, 안토니누스에게 마르쿠스 안니우스 베루스(나중의 마르쿠스 아우렐리우스) 및 루키우스 베루스를 양자로 들이라고 명했다. 그 뒤 얼마 안 있어 같은 해 7월 하드리아누스는 세상을 떠났다.

안정과 태평의 안토니누스 피우스 시대

하드리아누스의 뒤를 이은 아우렐리우스 안토니누스는 황제 안토니누스 피우스(재위 138-161년)로서 알려져 있다. '피우스'란 '경건한'이라는 의미이고 이것은 일찍이 138년 가을 원로원이 그에게 수여한 제4명*이다. 이 이름대로 그는 검약에 유의하고, 입법과 사법의 공정함을 기했고, 또한 속주 관리가 알력 없이 이루어지도록 마음을 기울였다. 고대의 관습을 다시 부흥시키려 했고 종교의 후원에도 신경을 써 147년에는 로마 건국 900년 축제를 개최했다. 144년에는 대지진이 소아시아서부를 괴멸 상태에 빠지게 했는데, 황제는 에페소스 등의 지진 피해가 심한 도시들을 적극 원조했다.

대외적으로 보면 141년 브리타니아에서의 소요 이후, 에딘버러와 글래스고 사이에 안토니누스 장성이 건설되었다. 같은 해 이후 북 아프리카의 마우레타니아Mauretania(현재의 모로코와 알제리 일부)에서 쟁란이 이어졌지만 150년에 결국 진압되었다. 148년에는 게르마니아에서도 전쟁이 일어나 장성limes은 다시 연장되었다. 그때까지 상하 두 개 지구로 분리되었던 다키아는 158년 세 개 구역으로 세분화되어 관리가 긴밀해졌다. 그 밖에 아라니 족과의 전쟁이나 다른 민족과의 항쟁도 발생했다. 그러나 전체적으로 보면 안토니누스 피우스 치하에서 제국은 안정적으로 다스려졌다.

마르쿠스 아우렐리우스 시대의 재난

161년 3월에 안토니누스 피우스가 죽자 그의 양자로 40세의 마르쿠스 아우렐리우스(재위 161-180년)가 제위에 올랐다.

---

* 고대 로마에서 일반적으로 남성은 세 개의 이름을 가졌다. 루키우스 코르넬리우스 술라의 경우를 예로 들면 루키우스는 개인명praemomen, 코르넬리우스는 씨족명nomen, 술라는 가족명cognomen이다. 여기에 제4명agnomen이 붙는 경우도 있었다. 양자 관계를 표시하거나 피우스처럼 인물의 덕성을 나타내는 호칭이 부여되었다. 여성은 통상 개인명과 제4명이 없이 씨족명과 가족명만으로 불렸다.

단 그는 선제의 말에 따라 역시 양자로 온 동생 루키우스 베루스(재위 161-169년)를 공동 통치자로 삼았고 이렇게 해서 이중 원수정이 발족했다.

그러나 얼마 안 있어 온갖 전쟁과 위기가 마치 약속이라도 한 듯이 한꺼번에 닥쳤다. 162년 게르마니아의 카티Chatti 족과 브리타니아의 칼레도니아 족이 반란을 일으켰으나 진압되었다. 같은 해 파르티아의 볼로게세스 3세가 시리아를 점령하고 아르메니아, 카파도키아에도 침공해 새롭게 전단을 열었다(162-165년). 이를 위해 마르쿠스 아우렐리우스는 루키우스 베루스를 그곳으로 파견했다. 루키우스는 군사적으로는 무능했지만 우수한 장군이 붙어 있었다. 163년에는 장군 프리스쿠스가 아르메니아의 수도 아르타샤타를 점령했고, 165년에는 장군 카시우스가 두라 에우로포스Dura-Europos 전투에서 승리한 뒤 셀레우키아 및 크테시폰을 점령해 메소포타미아를 제압했다. 그러나 돌연 역병이 발생해 그로 인해 로마군은 서둘러 화의를 맺고 철수해, 결국 북 메소포타미아만이 로마의 수중에 남았다. 이 역병은 천연두였던 듯한데, 그 뒤 189년까지 제국 일대에 걸쳐 맹위를 떨쳐 로마 제국 인구 3분의 1 또는 2분의 1에 이르는 숫자가 사망했다고까지 전해진다.

마르코만니 전쟁과 그 밖의 전쟁

한편 166년경부터 북방 민족이 도나우 강 중류의 국경을 침

범하기 시작했다. 그리고 167년에 마르코만니 족, 카티 족 등이 이탈리아로 침입해 이를 격퇴하면서 제1차 마르코만니 전쟁(167-175년)이 시작되었다. 이것은 두 황제를 전선으로 향하게 했는데, 베루스가 뇌졸중으로 사망(169년)하면서 이후 마르쿠스 아우렐리우스가 제국을 단독으로 통치하게 되었다. 이 전쟁에 임해 마르쿠스 아우렐리우스는 황실의 재보를 매각해 용병을 기반으로 새로 두 개 군단을 결성했다. 온갖 어려운 국면을 맞이했지만 그는 온 노력을 다해 게르만족을 가까스로 격퇴했다.

이 전쟁의 진영 안에서 스토아파의 철학자이기도 한 황제는 전진戰塵을 뒤집어쓰고서도 자신의 영혼과의 대화를 그리스어로 적어 나갔다. 이것이 유명한 『자성록 *Ta eis heauton*』이다.

175년 이 전쟁의 끝이 다가올 무렵 앞서의 파르티아 전쟁에서 메소포타미아를 제압했던 장군 카시우스가 황제가 죽었다는 오보를 듣고 시리아에서 스스로 황제를 참칭한 사건이 있었다. 마르쿠스는 동방으로 급히 가려 했으나, 카시우스는 3개월 뒤에 자신의 군대에 의해 살해되었다. 마르쿠스로서는 큰일로 번지지 않고 일이 마무리되었지만 이 사건에 촉발되어 로마로 돌아간 176년 자식인 콤모두스를 공동 통치자로 임명해 자신의 후계자로 삼았다. 이것은 자식이 결코 명예로운 자질의 소유자가 아니었음에도 불구하고 내려진 판단으로, 마르쿠스 아우렐리우스 치세의 유일한 오판이라는 말까지 듣고 있다.

또한 같은 해에 마르코만니 전쟁의 승리를 기념하는 마르쿠스 아우렐리우스 기념 원주가 건설되었다.

그러나 177년에는 다시 마르코만니 족과의 전쟁이 발발했다(제2차 마르코만니 전쟁, 177-180). 황제는 전쟁터로 향했지만, 180년 현재의 빈에 설치한 진지에서 페스트에 걸려 목숨을 잃고 말았다.

철인 황제의 고뇌

마르쿠스 아우렐리우스는 플라톤의 '철학자가 지배하거나 지배자가 철학을 하면 국가는 번영한다'는 말을 모토로 삼았던 문자 그대로 철인 황제였다. 그는 원수라는 지위에 있으면서 검소한 생활을 실천해, 될 수 있는 한 스토아적인 박애를 실천하려고 진력했고, 공정하고 신중한 정책을 일관되게 펼쳤다. 그러나 로마 제국은 이미 하강기에 접어들었고, 삐걱거리기 시작하는 통치 기구 유지의 중책을 맡은 자로서, 그는 현실에서는 전쟁을 하고, 죽이고, 사람들을 추방하지 않을 수 없었다. 이 모순은 그의 『자성록』 속에서 깊은 무상감과 비애를 띤 체념, 그리고 긴장된 윤리감의 병존으로서 나타나고 있다.

'이윽고 기다릴 사이가 없고, 재나 미라가 되어 이름만이 남거나, 혹은 그 이름조차 흔적도 없이 사라진다. 그 이름도 필경 단순한 소리이고, 메아리인 것에 지나지 않는다……'

'끝없는 무한의 시간 속에, 얼마만큼의 부분이 각 사람에게 나누어져 있는 걸까. 다들 빠르게 영원 속으로 사라져 가는 게 아닐까…… 이 대지 전체 중에서, 얼마나 작은 땅을 너는 기어 돌아다녔는가. 이러한 것들 전부를 마음에 새기고 결코 오만해져서는 안 된다. 다만 너의 자연이 이끄는 대로 일을 수행하고 공통의 자연이 가져오는 대로 그것을 받아들이는 것이다……'

'이 세상에서 이제는 떠날 수 있는 자처럼, 모든 것을 행하고, 말하고, 그리고 생각하라……'

황제 콤모두스

마르쿠스 아우렐리우스가 죽자 그 아들 콤모두스(재위 180-192년)가 제위에 올랐다. 하지만 이것으로 이른바 오현제 시대는 종언을 고하고 로마 제국은 명백하게 하강곡선을 그리기 시작했다.

콤모두스는 제2차 마르코만니 전쟁을 마르코만니 족 및 카티 족을 비호국으로 삼는다고 하는, 로마의 입장에서는 불리한 조건으로 화평을 맺고 종결시켰다. 로마는 그로 인해 대외적으로는 적극책을 포기한 셈이 되었다.

콤모두스는 처음에는 그다지 눈에 띄지 않았지만 이윽고 그 암우함을 드러내, 낭비와 방탕과 포학밖에는 재능이 없는 지배자라는 게 명백해졌다. 정치는 친위대 군인이나 궁정 관리가 좌지우지했다. 이미 182년에 콤모두스 암살 계획이 발각되었다. 그러나 이후에도 그는 여전히 측근들에 의해 끌려다녔다. 이에 더해 콤모두스는 종교에 집착하기 시작해 자신을 미트라나 헤라클레스의 환생이라고 믿고서 상궤를 벗어나기 시작했다.

그 과대망상적 성격은 그가 원로원에 편지를 보낼 때 상용했다고 하는 서두에 이미 나타나 있다.

> 최고사령관[황제] 카이사르 루키우스 아일리우스 아우렐리우스 콤모두스 아우구스투스 피우스 펠릭스 사르마티쿠스 게르마니쿠스 막시무스 브리타니쿠스 전 세계에 평화를 가져온 자 패하지 않는 자 로마의 헤라클레스 폰티펙스=막시무스(최고사제) 18번의 호민관 직능 보유자 8번의 최고사령관 7번의 집정관 조국의 아버지(인 나로부터), 집정관들에게, 정무관들에게, 호민관들에게, 콤모두스의 행운이 되는 원로원에 인사를 보낸다.

콤모두스는 헤라클레스의 모습을 한 자신의 조상彫像을 수없이 세웠다. 또한 격투 경기와 그 밖의 놀이에도 열중해 스스로 투사로서 공중 앞에 나서기까지 했다. 엄청난 액수의 돈이 낭비되고 결국 재정이 기울기 시작했다. 원로원과는 이미 오랜 숙적과도 같은 관계가 되어 있었다. 그리고 그사이에 끊임없이 소요가 북 게르마니아에서 일어났고, 또한 이탈리아, 브리타니아, 갈리아 및 아프리카에서도 반란의 기운이 싹트고 발발했다. 결국 견딜 수 없었던 친위대 사령관 및 측근들은 황제의 첩과 공모해 그의 레슬링 파트너를 시켜 황제를 목욕탕에서 목졸라 죽였다. 192년 마지막 날이었다. 이 이른바 '제2의 네로'의 죽음을 너무도 기뻐한 원로원은 서둘러 그의 모든 공식 기록을 말살하기로 결의했다.

콤모두스 직후의 혼란

콤모두스가 죽고 난 뒤 제위를 둘러싸고, 네로가 죽은 직후 덮쳤던 것과 똑같은 혼란이 일어났다. 먼저 원수의 자리에 오른 것은 원로원 의원인 페르티낙스였는데, 성실하고 정직한 그는 세력을 증대시켜 가던 군대의 규율을 엄격하게 유지하려 해서 군인들의 증오를 사, 불과 87일 만에 친위대에 의해 살해되고 말았다(193년 4월).

그 뒤 두 명의 인물이 돈을 써서 친위대로부터 황제로 추대되려 했고, 결국 부호인 원로원 의원 D. 율리아누스가 '낙찰'을 받아 황제가 되었다. 그러나 율리아누스는 황제의 그릇이 아니었고 곧바로 속주에서 군대의 반란이 일어났다. 브리타니아에서는 총독 C. 알비누스가, 상 판노니아Pannonia Superior(도나우 강 남쪽, 지금의 헝가리 일대)에서는 총독 셉티미우스 세베루스가, 시리아에서는 총독 P. 니게르가 각각 군단에 의해 황제로 추대되었다. 그중에서 가장 재각才覺이 뛰어났던 것은 세베루스로, 그는 알비누스를 회유하고 자신은 곧바로 로마로 향했다. 세베루스가 로마에 가까워짐에 따라 율리아누스는 자기편을 잃고 결국은 원로원으로부터 사형이 선고되어 친위대에 의해 살해당하고 말았다(193년 6월). 그의 통치는 66일로 끝났다. 이렇게 해서 세베루스는 어려움 없이 수도를 제압하고 황제가 되었다(재위 193-211년).

셉티미우스 세베루스 시대

세베루스는 원래 아프리카인으로 비유럽인으로는 처음으로 로마 황제가 된 인물이다. 그래서 그는 자신을 마르쿠스 아우렐리우스의 양자라고 사칭하고서 사람들의 신임을 얻으려고 했다. 또한 황제의 후后 율리아 돔나가 시리아의 도시 에메사Emesa의 태양신의 신관의 딸이었기 때문에 황실 전체를 '신의 집안'이라고 부르게 했다. 이러한 것들은 '외국인' 황제라는 콤플렉스를 극복하기 위한 정책들이라고 볼 수 있다. 한편 세베루스는 194년에 니게르를, 197년에는 알비누스를 쓰러뜨려 현실의 경쟁자를 전부 소탕해 그의 정권을 견고히 함과 동시에, 그들의 편에 섰던 자들의 재산을 몰수해 자신의 금고에 집어넣었다.

그는 군사와 관련해서는 커다란 개혁을 수행했다. 우선 그때까지의 친위대를 해산하고, 이것을 종래처럼 이탈리아인들만으로 구성하지 않고, 도나우 지역의 군단 병사, 특히 일리리아인 병사 1만 5천 명을 이용해 재편성했다. 그 밖에 군대를 강화함과 함께 병사의 급료를 인상시켰고, 현역병에게는 결혼을 허가해 그 가족도 진영 밖에 거주할 수 있게 했다. 이로 인해 국경의 군단은 민병단적인 성격을 띠게 되었다.

제국의 하강곡선

그러나 군사력의 강화는 증세로 이어질 수밖에 없었다. 그로 인해 그때까지의 징세 청부제를 폐지하고, 각 도시에서는 참사회원에게 억지로 각각의 영역에서 징세의 책임을 맡게 했다. 동시에 기존의 경제 활동만으로는 비용을 충당할 수 없었기 때문에, 빵 굽는 사람이나 기름 상인 등의 일용품을 포함한 각종 동업 조합을 정부의 주관하에 놓고 통제경제 정책을 펼쳤다. 이것은 국가가 상시 전쟁 상태에 놓인 것과 같았다.

한편 원로원은 시간이 지나면서 그 권능을 잃고 결국 황제의 꼭두각시와 마찬가지인 존재로 추락해 갔다. 이에 더해 그 구성원은 이제 종래의 이탈리아 출신자는 3분의 1에도 못 미쳤고, 새롭게 아프리카나 동방 등의 속주 출신자가 대세를 점했다. 원로원 의원의 지위는 추락했고 그를 대신해 기사 신분의 인물들이 대두했다.

이러한 가운데 또다시 파르티아 전쟁이 시작되었다(197-199년). 파르티아군이 메소포타미아 영역을 수중에 넣었기 때문이었다. 세베루스는 세 개 군단을 증설해 이에 맞섰고, 197년 중에 셀레우키아, 바빌론을 함락하고 크테시폰을 점령해 약탈했다. 그러나 바르세미아스 왕*이 이끌던 하트라는 로마군의 두 번에 걸친 대공격에 끝까지 저항했다. 이 전투에서 세베루스는 막대한 손실을 입었고, 게다가 식량난이 닥쳐 결국 하트라 공략은 단념하지 않을 수 없었다.

그 뒤 세베루스는 가족을 동반하고 브리타니아 원정(208-211년)에 올랐는데, 211년 원정 도중 에보라쿰(지금의 요크)에서 사망했다.

이 세베루스의 시대는 친위대 사령관인 파피니아누스나 울피아누스, 파울루스 등의 저명한 법학자가 황제의 자문관諮問官이 되어서 로마 법학이 가장 발전한 시기이기도 했다.

이 책의 로마사에 대한 간략한 서술은 이것으로 끝난다. 그 뒤 제국은 경제적 위기가 한층 더 깊어지며 변경에서의 상황은 점점 더 긴박해져 갔다. 3세기 중반 무렵이 되면 군인 황제가 난립해 일상적 내란 상황에 빠지게 되엇다. 재건의 시도가 있었지만 결국 제국 멸망의 하강곡선은 근본적으로는 저지할 수 없었다.

---

* Barsemias는 로마의 사서에 나오는 명칭이고 당시 하트라의 왕이었던 아브드사미야Abdsamiya를 가리키는 듯하다.

2. 유대교의 운명

키토스 전쟁

트라야누스 시대 말기의 커다란 사건은 디아스포라 유대인의 반란(115-117년)이었다. 이것은 아마도 일종의 메시아 대망 심리가 연쇄반응을 일으켜 벌어진 격동이었을 것이다. 반란은 키레나이카Cyrenaica에서 '왕'을 자칭한 루쿠아스 내지는 안드레아스라는 인물이 지도자가 되어 일어났다. 반란은 얼마 안 있어 이집트 및 키프로스로 파급되었고, 116년에는 메소포타미아의 유대인 공동체로 불똥이 튀어 결국 유대에까지 미쳤다. 그러나 반란은 철저히 진압되었다. 특히 116년 메소포타미아의 반란을 냉혹하게 진압했던 무어인 장군 L. 퀴에투스는 그 뒤 유대를 진정시키기 위해 총독으로 파견되었다(재직 117-?). 이 사람의 이름을 따, 랍비 전승은 이 반란을 키토스 전쟁으로 부르고 있다.

유대에서의 키토스 전쟁 쟁란의 실태는 꼭 명확하지는 않다. 그러나 반란이 갈릴래아까지 확산되었고, 유대인이 예루살렘 신전의 산에 모여 로마 측은 군대를 동원해 이것을 진압했고, 나아가 그 밖의 몇 개 마을이 파괴되었다는 것은 확실한 듯하다. 그리고 몇몇 유대인 지도자가 처형되었고, 유대교 박해가 시작되어, 신전의 산에는 우상까지 들여놓았던 것 같다.

하드리아누스 황제의 시대(117년 이후)가 되자, 다시 유대인에 대한 유화책이 취해졌다. 파괴된 도시의 수복修復이 시작되었다. 나아가 황제는, 예루살렘을 재건하고 유대인을 소환해 신전을 다시 부흥시킬 것을 약속했다. 그러나 이 밀월 기간은 그다지 오래 지속되지 않았다. 몇 년도 되지 않아 황제의 태도는 표변했다.

랍비들의 활약

랍비 유대교에 관하여 언급하자면, 100년경 랍비 엘레아자르 벤 아자리아나 랍비 엘레아자르 벤 차독의 이름이 보인다. 전자는 라반 가말리엘 2세가 어느 랍비를 부당하게 단속한 일로 총주교의 직무가 일시 박탈되었을 때 자신이 총주교가 되었다. 뒤에 라반 가말리엘 2세가 총주교로 복귀한 뒤에도 그는 라반 가말리엘 2세의 대리자의 지위에 머물렀다. 이윽고 110년이 지날 무렵이 되면 랍비 아키바 벤 요셉이나 랍비 이슈마엘 벤 엘리샤, 거기에 랍비 타르폰 등이 대두한다. 특히 랍비 아키바는 걸출한 인물이었다. 원래 목동이었던 그는 성인이 된 뒤에 학문에 뜻을 두었던 것 같다. 또한 그는 광범위한 지역의 디아스포라 유대인을 방문한 것으로도 잘 알려져 있다.

제2차 유대 전쟁(바르 코크바의 반란) 발발

하드리아누스가 두 번째 속주 감찰을 하던 도중, 그때까지의 친유대 정책을 돌연 포기하고, 130년에 유대를 방문해 예루살렘을 이교의 도시로 개조하는 정책을 내세웠다는 것은 앞서 언급했다. 게다가 하드리아누스는 도미티아누스 황제 이래 거세 금지령을 확대 해석해 팔레스티나 유대인의 할례도 거기에 포함시켜, 할례를 하는 자는 사형으로 다스렸다. 황제의 이러한 태도 급변이 어디에서 유래한 것인지는 명확하지 않다. 아무튼 유대인은 이러한 적대 정책을 민족의 근절을 목적으로 한 것이라고 해석하지 않을 수 없었다. 남은 길은 봉기밖에 없어 보였다.

그러나 유대인은 하드리아누스가 이집트나 시리아에 체재하고 있는 동안은 평온함을 유지했다. 다만 그들은 로마인으로부터 수리를 위해 위탁된 무기를 고의로 질이 떨어지게 만들어, 그로 인해 로마 병사가 그것들을 버리면 자신들의 무기로 은밀히 모으고 있었다. 이렇게 해서 황제가 충분히 먼 데로 떠난 132년 그들은 반란의 봉화를 올렸다. 그렇다고 해도 처음에는 정면으로 로마 병사들과 교전하지 않고, 오히려 전략적으로 유리한 장소를 점거해 그곳을 요새화하는 것에 전념했다. 예루살렘이 탈환되고, 수많은 유대 땅이 '해방'되었다. 새로 독자적인 화폐도 발행되었다. 전국에 징병령이 내려져 전투에 참가하지 않는 자—예를 들어 아직 유대에 있었던 유대인 그리스도교도들—는 극심하게 탄압받았다.

이 반란의 지도자로 대두한 것은 시메온 바르 코시바라는 인물이었다. 그의 이름은 화폐에도 새겨졌다. 그는 메시아적인 인물로 간주되었고 바르 코시바라는 이름 대신 바르 코크바bar Kochba, 즉 '별의 아들'(〈민수기〉 24:17에 의거)이라고 불렸다. 실제로 랍비 아키바는 그를 "이는 왕이고, 메시아다"라고 공식적으로 선언했다. 그의 이름을 따 제2차 유대 전쟁을 일반적으로 바르 코크바의 반란이라고 부른다.

패전

처음에 로마인들은 이 반란을 그다지 진지하게 받아들이지 않았다. 그러나 전 유대 지역이 들고 일어나, 그 밖의 지방도 거기에 호응하는 움직임을 보이자 그제야 로마인들은 진압에 착수했다. 134년 시리아 총독인 P. 마르켈수스가 시리아 주둔군 등을 이끌고 반란을 진압하러 왔다. 그러나 그는 진압에 실패해 군단의 일부가 괴멸하기에 이르렀다. 그래서 하드리아누스는 자신의 최고의 장군 중 한 사람을 보냈다. 브리타니아 총독인 I. 세베루스였다. 세베루스는 우선 정면으로 맞서 싸우지 않고 포위전으로 유대인의 식량을 차단하는 방법을 선택했다. 이것은 결국 실제로 유대인들의 숨통을 끊기에 이르렀다. 전투는 135년 여름, 예루살렘 남서쪽 10킬로미터 정도에 있는 최후의 요새 베타르가 함락되었을 때 종결되었다. 베타르가 함락됨과 동시에 바르 코크바도 죽었다.

……목숨을 건진 사람은 불과 몇 명뿐이었다. 그들의 가장 중

요한 50개의 요새 및 985개의 유명한 마을들이 완전히 파괴되었다. 또한 58만 명이 여러 전투에서 살해당했다. 기아와 병과 화재로 목숨을 잃은 자는 셀 수도 없었다. 그로 인해 유대의 거의 모든 지역이 황량한 들판으로 변했다…… 그러나 이 전쟁에서 쓰러진 로마인도 다수에 이르렀다. 그 때문에 하드리아누스는 원로원에 제출하는 보고서를 쓸 때, 원수가 관례적으로 사용하는 서두의 문구, 즉 '만약 너희와 너희의 자식들이 건강하다면 축하할 일이다. 나와 나의 군대는 튼튼하다'를 사용하는 것을 꺼렸다.(디오 카시우스『로마사』)

절멸 전쟁

처참한 패전이었다. 유대는 완전히 파괴되었다. 무수히 많은 유대인이 목숨을 잃었을 뿐 아니라 셀 수도 없는 수많은 유대인이 포로가 되어 노예로 팔려갔다. 그 수가 너무도 많아서 유대인 노예 시장은 가격 하락을 초래해 노예 한 명의 가격이 말이 먹는 건초 1회분이었다는 말까지 있었다. 성도 예루살렘은 '아일리아 카피톨리나Aelia Capitolina'가 되어 소멸했고, 그 땅에 유대인이 발을 디디는 것은 사형으로 금지되었다. 다만 기원 4세기에 이르러서야 겨우, 일 년에 한 번 압월Av 9일(70년 예루살렘이 멸망한 날이자, 135년 베르타가 함락된 날)에만 구 신전의 벽에 기대 기도하는 것이 허용되었다(예루살렘의 이른바 '통곡의 벽'은 여기에서 유래한다).

나아가 유대라는 명칭조차 말소되어 '시리아·팔레스티나' 라는 속주명으로 바뀌었다(따라서 지금까지 '팔레스티나'라는 명칭을 사용해 온 것은 일종의 시대착오지만 편의상 사용한 것에 대해 독자들의 관대한 양해를 바란다). 실제로 이 '팔레스티나'라는 말 자체가, 의식적으로 유대인을 모욕하기 위해 만들어진 것으로 유대인의 대적이었던 '필리스티아 인'들의 땅이란 의미이다.

이 땅에 잔류한 유대인에 대한 박해가 시작되었다. 그 기간 동안 순교한 학자들의 최후를 전하는 『열 명의 순교자 전기』가 이윽고 형성되었고, 그것은 오늘날에 이르기까지 유대교를 뒷받침하는 에토스의 일부가 되어 있다. 체포되고, 고문받고, 사형에 처해진 희생자의 필두는 바르 코크바를 메시아라고 선언한 랍비 아키바였다. 그 외에 랍비 이슈마엘, 랍비 타르폰 같은 고명한 교사의 이름이 이어져 있다. 그러나 그중에는 엘리샤 벤 아부야처럼 원래 학자였지만 유대교를 포기하고 이교에 몸을 담는 사람도 생겼다.

유대교의 또 한 번의 부흥

138년 하드리아누스가 죽고 안토니누스 피우스가 즉위하자 유대인에 대한 박해 정책은 일부 완화되었다. 할례 금지령이 풀려 유대인들은 비로소 한숨을 돌릴 수 있었다.

야브네 시대는 바르 코크바의 반란의 패배로 사실상 끝났다. 서서히 새로운 부흥의 중심지가 된 것은 전화戰禍를 크게 입지 않았던 갈릴래아 지방이었다. 박해가 다소 약해졌을 무렵, 갈릴래아 서쪽의 우샤에 최고법원(산헤드린)이 들어섰다. 이 운동의 중심적 인물은 랍비 아키바의 제자로 당시 최고의 권위자였던 랍비 메이르R. Meir였다. 이윽고 라반 시메온 벤 가말리엘 2세(라반 가말리엘 2세의 아들)가 총주교Nasi가 되어 체제가 정비되었다. 시메온 벤 가말리엘 2세는 전에 베타르 전투에 참가했기 때문에 로마인의 눈을 피해 도망쳐 그때까지 잠복해 있었다.

디아스포라, 특히 바빌로니아의 디아스포라는 종교 박해 중의 팔레스티나 최고법원이 기능할 수 없었기 때문에 스스로의 역법曆法을 새롭게 선언했다. 그들은 그것에 기초해 우샤에 최고법원이 생긴 뒤에도 자신들의 독립성을 주장했다. 그러나 라반 시메온 벤 가말리엘 2세는 정치력을 구사해 이것을 저지하고, 팔레스티나 유대교의 지도 체제의 우위성을 재확립했다. 다만 최고법원의 의장에는 바빌로니아 디아스포라의 수장인 랍비 나탄을 앉혀 디아스포라와의 협력 관계를 구체화했다. 또한 교학원(예시바)의 원장에는 할라하(종교적 생활의 규정)의 권위자 랍비 메이르가 취임했다. 이 세 사람이 삼두정치의 형태로 2세기 중반 무렵 우샤의 체제를 운영했다.

이 무렵 유대교를 떠받친 학자들로는 랍비 메이르 이외에 랍비 유다 바르 일라이, 랍비 요세 벤 할라프타(이 두 사람은 갈릴래아 출신), 랍비 시메온 벤 요하이 등이 있었다. 그들은 지극히 어려운 생활환경 속에서도 각고의 노력으로 학문 연구에 힘썼다. '랍비 유다 바르 일라이의 시대에는 여섯 명의 학생이 한 벌의 상의로 몸을 덮고 토라를 공부했다'고 전해진다. 다만 생활의 어려움 때문에 팔레스티나를 떠나는 유대인도 잇따랐다.

아퀼라 역 성서

또한 야브네 시대에 실현된 〈아퀼라 역 성서〉(130년경)에 관하여 간단히 살펴보겠다. 아퀼라Aqilas는 원래 소아시아 폰투스 출신의 이방인 귀족이었고 그리스도교를 통해 유대교를 만나 개종한 사람이다. 그는 라반 가말리엘한테서 배웠고, 나중에는 야브네 학자들의 감찰하에 (구약)성서를 그리스어로 번역했다. 그것은 랍비 아키바의 해석 전통에 따르는 방침으로 이루어졌고, 때로는 그리스어의 구조를 무시할 정도의 축어역逐語譯이었다. '칠십인역(셉투아긴타)'이 있는데 새롭게 별도의 그리스어 번역 성서를 제작한 이유는 '칠십인역'이 그때까지 유대교 학자의 해석 전통을 반영하지 않고 있다고 여겨진 점, 그리고 '칠십인역'이 그리스도교도에 의해 수용되어 유대교를 반박하기 위해 이용되고 있었기 때문에 대항할 그리스어판이 필요해졌다는 점에 있다. 실제로 아퀼라역 성서는 그 뒤 유대인의 표준적 그리스어역 성서로 간주되었다.

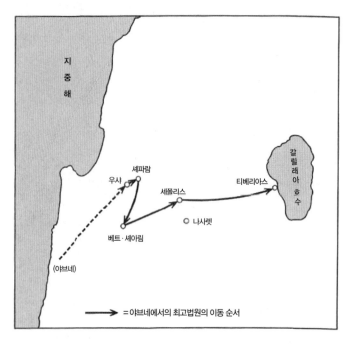

지
중
해

셰파람

우샤

세폴리스

티베리아스

갈
릴
래
아
호
수

나사렛

베트·셰아림

(야브네)

──────▶ = 야브네에서의 최고법원의 이동 순서

[지도7] 2세기의 갈릴래아

방랑하는 최고법원

최고법원은 우선 우샤에 들어섰으나 그 뒤 같은 서 갈릴래아의 셰파람으로 옮겼고(165년경), 다시 베트 셰야림으로 옮겼다(180년경). 그 뒤에도 다시 세포리스로 옮겼고(210년경), 결국 마지막의 티베리아스에 정착했다(240년경). 티베리아스는 2세기 중반부터 갈릴래아에서 유대인 공동체의 사실상의 중심지가 된 장소였다.

랍비 유다의 등장

라반 시메온 벤 가말리엘 2세의 뒤를 이어 총주교가 된 것은 그 아들인 랍비 유다(예후다)이다(전승에 따르면 랍비 아키바가 살해당한 날 태어났다고 한다). 그의 총주교 시대(190년경?-217년)는 거의 로마의 세베루스조朝의 치세(193-235년)와 합치한다. 이 시기 총주교와 황제 일가는 지극히 우호적인 관계를 유지했다.

유일하게 곤란했던 것은, 191-193년에 시리아 총독이었고 셉티미우스 세베루스의 적대자였던 P. 니게르가 유대인 억압 정책을 취했을 때였다. 니게르는 팔레스티나의 유대인이 감세를 간원했을 때, 할 수만 있다면 그들이 들이마시는 공기에도 과세를 하고 싶을 정도라고 말했다고 전해진다. 예루살렘에 있던 군단은 니게르를 추대했기 때문에 유대 지방의 주민들에게는 뜻밖에 고뇌가 격화되었다. 따라서 니게르가 패한 것은 유대인 전체에 커다란 해방이었다.

그 뒤 총주교 유다는 로마의 궁정으로부터 중히 여겨졌고 다양한 혜택을 부여받았다. 훗날의 탈무드 설화 가운데도 '안 토니누스'라는 이름의 황제와 랍비 유다 간의 친밀한 관계가 전해지고 있다. 이 황제는 아마도 세베루스 황제의 자식인 카 라칼라 황제일 것이다. 실제로 199년(그리고 215년), 훗날 카라 칼라 황제가 되는 안토니누스는 팔레스티나를 방문했다.

이 시대 팔레스티나의 유대인 공동체는 그 지위를 향상시키 는 데 성공했다. 총주교와 최고법원은 중앙 조직을 유지하기 위해 징세를 하는 것까지 허가되었다. 총주교의 법정은 민사재 판권과 사법재판권을 가졌고, 사형 선고도 내릴 수 있었다. 팔 레스티나 유대인은 경제적으로도 윤택해져서, 전에 빈곤 때문 에 인구가 유출되었던 것과는 반대로 디아스포라 주민이 이주 해오기도 했다.

미슈나의 완성

총주교 유다는 '하 나시ha-Nasi'(정관사 붙은 단수형, 즉 'the 총 주교'), 혹은 단순히 '랍비'라고 불릴 정도로 강대한 권위의 소 유자가 되었다. 그는 힐렐의 7대손이었다고 전해지는데, 그것 이 다윗 가계라는 것이 무엇보다도 강조되었다. 랍비로서의 유 다는 할라하(종교적 삶의 지침)를 시대에 맞춰 완화하는 방향으 로 규정화 해나갔다. 그러나 그 업적 중에서 가장 기념비적인 것은 200년경 그에 의해 이루어진 〈미슈나Mishnah〉의 최종적 편찬이다.

미슈나는 과거 2세기 랍비들의 구전에 의한 할라하 소재의 일대 수집이었다. 그러한 할라하의 기록, 수집은 이미 수십 년 전에 시작되었는데, 랍비 유다는 그것들을 가능한 한 포괄적으로 망라해서 생활의 다양한 면에 대응하는 여섯 개의 '편篇'으로 집대성했다. 이것은 그 이후 유대교의 모든 발전의 초석이 된 매우 의미 깊은 업적이었다. 이후 〈미슈나〉는 성서 다음으로 권위를 인정받았고, 훗날 성립되는 탈무드 문학의 결정핵結晶核이 되어 갔다. 〈미슈나〉 성립까지의 학자들을 '탄나임Tannaim'('반복하고 /가르치고 /배우는 자들'이란 뜻), 그 이후의 학자들을 '아모라임Amoraim'('말하고 /주해注解하는 자들'이란 뜻)이라고 부르는 것에서도 알 수 있듯이, 〈미슈나〉의 성립은 명백히 유대교 안에 하나의 커다란 시대 구분을 짓게 했다.

제2절 **내외의 싸움을 안은 그리스도교**

기원 2세기 이후의 주류파 교회에서의 커다란 문제는 교회 바깥으로부터의 박해와의 싸움과, 교회 내에서의 이른바 '이단'과의 대결이었다. 그리고 후자의 가장 치열한 싸움이 이어진 것이 기원 2세기였다. 그리고 이 세기가 끝날 무렵, 즉 유대교가 〈미슈나〉의 편집으로 하나의 안정적인 체제를 구축했을 무렵, 그리스도교도 체제화를 향해 겨우 하나의 고비를 넘게 된다.

1. 그리스도교도 박해

소小 플리니우스 서한

2세기 초두 그리스도교도 박해의, 비그리스도교 측으로부터의 명확하고 귀중한 증언은 소 플리니우스의 서한이다. 소 플리니우스는 기원 61/62년, 현재의 북 이탈리아의 지방 귀족의 자식으로 태어났다. 『박물지』의 저자로 79년의 베수비우스 화산 분화로 목숨을 잃은 대 플리니우스의 조카에 해당되는데, 어렸을 때 아버지를 사별하고 그 뒤 백부의 양자가 되었다. 그는 정계에서 엘리트 코스를 밟아, 110-112년경에는 비티니아 폰투스의 총독이었다. 그는 또한 문학에서도 후세에 이름을 남기기 위해, 애초에 출판을 염두에 둔 서한을 지었다. 그중에서 112년경 황제 트라야누스와 주고받은 왕복서한이 그의 그리스도교관 및 당시의 박해 상황을 명시하는 더할 나위 없이 소중한 자료로 남아 있다(제10권, 서한 96, 97).

우선 그리스도교도로서 저에게 고소가 제출되어 있는 자에 대해서입니다만, 저는 다음과 같은 조치를 취했습니다. 즉 그들에게 그리스도교도인가를 질문했습니다. 그것을 긍정한 자에 대해서는 극형으로 위협하면서 두 번, 그리고 세 번 같은 질문을 되풀이했습니다. 그래도 계속해서 긍정하는 자에 대해서는 처형하도록 명령했습니다. 그렇게 한 것은 그들이 고백하는 내용이 어떠한 것이든 간에, 완고하고 단호한 거부는 반드시 벌을 받아야 한다는 것을 저는 의심하지 않았기 때문입니다. ……이윽고 이러한 조치를 거듭하는 사이에, 일반적으로 곧잘 일어나는 일입니다만, 고소가 늘어나 많은 특수한 사례가 나타나게 되었습니다. 즉 많은 사람들의 이름이 적힌, 서명 없는 문서가 제출된 것입니다. 거기에 이름이 오른 자들 중 어떤 자들은, 스스로가 그리스도교도라는 것, 혹은 그리스도교도였다는 것을 부정하는 자로서. 그들은 저를 선두로 해서 신들의 이름을 부르고, 특히 이 목적을 위해 신들의 오만함과 나란히 세워진 폐하의 상像을 향해 향불과 포도주를 바쳐 기도하고, 또한 그리스도를 저주했습니다. 이러한 행위들은 전부 진정한 그리스도교도인 자들에게는 강제로도 시킬 수 없는 것이라고 말해지고 있어, 저는 그들을 석방해야 한다고 생각했습니다……

여기에서 그는 황제에게 자신이 행한 그리스도교도 재판에 관하여 보고함과 동시에 그 심리에 관한 의문점을 문의하고 있다. 그는 그 재판에서 최후까지 스스로를 그리스도교도라고 주장하는 자를 처형하고, 또한 (그리스도교도라고 밀고된 자들 중에) 현재에 있어서도 과거에 있어서도 그리스도교도였다는 것을 부정하는 자는 황제의 상과 신들의 상 앞에서 예배를 드리게 했다고 하는 일종의 '배교 테스트'를 통과하게 한 뒤 석방했다.

그러나 문제는 전에는 그리스도교도였지만 이미 포기했다고 말하고, 실제로 '배교 테스트'를 통과한 자를 어떻게 다루어야 하는가였다. 플리니우스에 의하면 그리스도교도는 어린아이를 죽이거나, 근친상간에 탐닉한다고 하는, 소문에 도는 것 같은 구체적인 잘못은 저지르지 않았고, 그 행하고 있는 것은 극단적인 미신 행위에 지나지 않았다. 나쁜 것은 그리스도교도로서 제국의 전통적 제의를 무시하고 자신의 공동체를 '완고하고 단호하게' 고집하는 것에 있다. 따라서 일단 확실하게 포기한 자들은 석방해야 한다. 그렇게 하면 그것은 필연적으로 로마 국가의 전통적 제의를 다시 번영시켜, 제국의 안녕에 기여하게 되리라는 것이었다.

이에 대해 트라야누스는 보편적인 규칙은 존재하지 않고 사안별로 판단해야 한다고 하면서도, 플리니우스의 그때까지의 조치 및 견해에 대해서는 전면적으로 인정했다. 그것에 의해 그리스도교도라는 것이 증명된다면 처벌, 처형받아야 하고, 또한 포기한다면 용서받아야 한다는 것이 재확인되고 원칙화되었다. 그것을 위해 이 편지는, 그리스도교도에 대해서는 포기 장려로서 기능함과 동시에, 익명의 밀고서와 같은 것은 '우리들 세대에는 어울리지 않기' 때문에 수리해서는 안 된다고 함으로써, 사실상 어느 정도의 관용성을 나타내기도 했다.

플리니우스 서한의 증언

플리니우스 서한에서 또한 주목되는 것은, 그리스도교도에 대한 단죄의 이유가, 단순히 반사회적이라는 주장뿐 아니라, 본질적으로 국가 제의에 반한다고 하는 인식으로까지 심화해서 파악되고 있다는 점이다. 이렇게 해서 이후 기원 250년 무렵까지는 그리스도교도들로서는 '완만한 위기의 시대'가 이어지게 된다.

또한 편지에 나온 비티니우스 폰티우스 주州의 예에서 유추할 수 있는 것처럼, 소아시아 지방에서는 그리스도교의 전파가 빨라서, 바울로 시대의 대도시 중심주의를 넘어서 '도시뿐 아니라 마을 마을이나 시골까지' 확산되어, 다양한 연령층과 신분에 걸치게 되었다. 다만 서방에서는 사정이 달라 그리스도교는 여전히 도시 지역에 한정되었던 듯하다.

황제 하드리아누스는 기본적으로는 그리스도교도에 대해 앞선 트라야누스 황제의 정책을 따랐다. 다만 하드리아누스는 아시아 총독 M. 푼다누스에게 보낸 서한(125년)에서 그리스도교가 고발되어 법에 반하는 범죄를 지었다는 것이 증명된다면, 그 죄의 경중에 따라 처벌하고, 또한 거짓 고발이었다면 그 고발자에 대해서 고소 조치를 취하라고 지시했다. 이것은 그리스도교도에 대한 보다 관용적인 방침으로 이해되었다. 다음의 안토니누스 피우스 황제도 공식적인 서한에서 이 방침을 확인했다(단 이들 서한의 신빙성을 의심하는 학자도 있다).

그렇지만 이러한 사실들에도 불구하고 박해가 완전히 사라진 것은 아니었다. 국지적인 박해 사건은 빈번하게 일어나고 있었다.

루그두눔의 박해

마르쿠스 아우렐리우스는 그리스도교를 이해하지 못하고, 오히려 그리스도교도 중에 '노골적인 반항 정신'이나 '연극 같은 과장된 태도'밖에는 보지 않았다. 따라서 그때까지의 황제들의 그리스도교도 대책은 바뀌지 않았다. 마르쿠스 아우렐리우스는 여러 번 그리스도교 박해의 칙령을 총독들에게 보냈다. 실제로 161–169년경, 아시아 주에서는 그리스도교도 수색이 펼쳐졌다. 또한 170년경에는 아테네나 크레타 섬에서도 박해가 있었던 듯하다. 178년에는 팔레스티나에서도 비슷한 사태가 일어났다. 또한 177년에는 유명한 갈리아의 루그두눔(현재의 리옹)에서 박해가 벌어져 48명의 순교자가 나왔다.

마르쿠스 아우렐리우스의 박해령은 직접적으로는 그의 교사들 등, 측근에 있던 사람들(수사학자 C. 프론토, 스토아철학자 Q. 율리우스 루스티쿠스 등)의 조언에 힘입은 듯하다. 칙령의 실제 적용에 있어서 마르쿠스 아우렐리우스는 상당히 관대했다고 전해진다. 그러나 측근의 의지가 있었다고 해도, 황제의 이름으로 지시가 내려지는 것이 지배 체제이다. 그의 시대에 국지적인 박해 사례가 늘어났던 것은 명백한 사실이다.

희생양으로서의 그리스도교도

다만 여기에는 일반 민중의 동향이 크게 작동했다. 마르쿠스 아우렐리우스의 시대는 이미 보았듯이 전쟁으로 세월을 지새웠고, 역병이 창궐하고 기아에 위협받았던 시대였다. 제국의 이러한 쇠퇴를 일반 국민이 느끼지 않았을 리가 없다. 위기감이 만연하면 만연할수록 관민 모두 고래古來의 신들에게 희생犧牲을 바치고, 신의 은혜에 기대려 했다. 거기에 동참하지 않으려 했던 그리스도교도는 말하자면 괘씸한 반사회적 집단에 지나지 않았다. 따라서 뭔가 사회적으로 불행한 일이 일어나면, 그것은 먼저 그리스도교도의 탓으로 돌려져, 희생양 scapegoat이 되었다. '그리스도교도를 사자에게!Christianos ad leonem!'라는 게 슬로건이었다.

이 박해의 논리를 이교異敎의 입장에서 정당화하려 했던 것이 180년경 『진실의 말Alethes Logos』이라는 책을 저술한 플라톤주의자 켈수스이다. 그의 책 자체는 유실되고 말았지만 약 70년 뒤에 나온 오리게네스의 『켈수스 반박Contra Celsum』을 통해 거의 재구성되었다. 그 심정적 근간은 요컨대, 국민이 신들의 은혜에 의해 이루어져 있을 때, 그리스도교도는 그 신들을 예배할 의무를 무시하는 패륜悖倫의 무리라는 것이다.

안티오키아의 이그나티오스

그런데 2세기 전반의 박해 문제에 관한 귀중한 증언을 제공

해주는 것이 자신이 순교자이기도 했던 안티오키아의 이그나티오스이다. 그는 안티오키아 교회의 감독이었는데, 트라야누스 치하의 박해 때 안티오키아 교회의 수장으로서 체포되어, 로마로 호송되어, 군중 앞에서 야수에게 물려 죽는 형에 처해졌다(110년경). 로마로 호송되는 도중, 이그나티오스는 두 번에 걸쳐 일곱 통의 편지를 썼다. 그 편지들을 보면, 그가 믿기 어려운 감격과 열정을 가지고 순교를 맞이했다는 것을 알 수 있다.

아무쪼록 야수들을 부추겨 주십시오…… 만약 야수들이 기꺼이 내 쪽으로 달려들려 하지 않는다면, 나는 억지로라도 그렇게 하도록 해 보이겠습니다.

처형의 날에 그와 그 동료 몇 명이 참살되었다(《폴뤼카르포스의 서간》 1:1, 9:1, 13:2 참조). 한편 로마의 일반 시민들은 그것을 보면서 여느 때처럼 피가 끓는 것을 느꼈을 것이다.

그 밖의 순교자들

2세기에 순교한 그 밖의 저명한 인물들도 여럿 있었다. 그리스도교 철학자 유스티노스는 퀴니코스파와의 논쟁이 원인이 되어, 그리스도교도라는 이유로 여섯 명의 제자와 함께 165년경 로마에서 처형되었다. 또한 스미르나의 주교(감독) 폴뤼카르포스는 155/156년(또는 161-169년 사이) 체포되어 죽임을 당했다. 그에 관해 간략히 기술하면, 155년경 소아시아의 교회를 대표해 로마로 가서 서방과 동방에서 다르게 기념하고 있던 부활절 날짜에 관해 당시 로마 주교 아니케투스와 회담했다. 그러나 조정에는 실패해, 그 뒤 서방과 동방은 각각 다른 날짜를 부활절로 축하하기로 했다. 이 로마 체재 중에 폴뤼카르포스는 마르키온이나 발렌티누스와도 논쟁했던 듯하다. 그의 순교는 로마에서 돌아온 뒤였다. 그 상황은 순교 이듬해에 그의 제자들이 저술한 〈폴뤼카르포스의 순교〉(사도 교부 문서의 하나)에 상당히 윤색되어 묘사되고 있다. 또한 이 책은 얼마 뒤의 루그두눔 박해의 기록과 함께 초창기 그리스도교적 '순교 문학'을 보여주고 있다.

박해의 퇴조

마르쿠스 아우렐리우스 황제의 시대가 끝나고(180년) 세르베스 왕조의 시기에 들어서자, 박해의 소리는 그다지 들리지 않게 되었다. 특히 세르베스조는 그때까지의 황실에는 유례가 없을 정도로 종교 혼교混交적 요소를 내부에 지니고 있었다. 셉티미우스 세르베스 황제의 비妃인 율리아 돔나가 시리아 출신이었다는 점도 유리하게 작용해, 같은 시리아 방면에서 온 그리스도교에는 특히 호의를 보였다고까지 말할 수 있었다. 따라서 180년부터 235년경까지 그리스도교계는 거의 평온한 태평 시절이었다(예외적으로 202-203년경, 알렉산드리아나 북아프리카에서의 박해가 있었다).

교회 전체를 위기로 몰아넣은 대박해는 3세기가 반쯤 지났을 때 데키우스 황제의 시대에 비로소 도래했다(249-250년). 그리고 발레리아누스 황제 시대의 박해(257-258년)를 거쳐, 황제 디오클레티아누스 시대의 대박해(303-304년)에 이르렀다. 그러나 그 바로 뒤인 313년에는 유명한 '밀라노 칙령'에 의해 그리스도교는 정식으로 공인되었다. 다만 이것은 또 다른 문제의 시작이기도 하지만, 그것은 이 책이 다루는 시대를 훨씬 뛰어넘는 일이다.

2세기 후반까지의 그리스도교 변증가들

로마 측의 그리스도교 불신에 대해서, 그리스도교 측에서는 일관해서 제국 권력에 대한 순종을 계속해서 맹세했다고 말할 수 있다(루카 문서, 〈1베드〉 2:13-17, 〈티토〉 3:1, 〈1클레멘스〉 60:2-61 등). 이러한 취지에서 그리스도교를 변명하려 했던 2세기 이후의 저작가들을 '변증가apologisti'라고 부른다.

먼저 125년경, 쾨드라투스 및 아테네의 아리스티데스는 하드리아누스 황제에게 바친 서한에서 보다 적극적인 그리스도교 변증론을 시도했다. 전자는 죽은 사람의 소생도 포함한 예수의 치유 기적을 현시顯示했고, 후자는 보다 철학적으로 그리스도교의 신 관념의 우월성을 설파해 교회 내의 상호 원조제를 강조했다.

150년 이후에도 그리스도교 변증가에 의해 황제에게 바친 변명서apologia가 지어졌다. 그들은 그리스도교도에 대해서 일반적으로 알려진 무신론, 인육 섭취, 성적 난교 등의 비난이 얼마나 근거가 없는 것인지를 제시했을 뿐 아니라, 얼마나 그리스도교가 제국과 황제에게도 유익한지, 얼마나 그리스도교도가 황제를 위해 기도를 바치고 있는지를 호소했다. 앞에서 거론했던 유스티노스는 순교에 앞서 143/154년경 안토티누스 피우스 황제에게 바치는 〈제1변명Apologia Prima〉을 저술했다 (유스티노스는 또한 유대교에 대한 변증의 저서 『트뤼폰과의 대화』가 있다). 사르디스의 주교 멜리톤(?-190년경)도 마르쿠스 아우렐리우스에게 바치는 그리스도교 변호의 책을 썼다(또한 그의 〈유월절에 관하여〉라는 예형론[豫型論, typology]적 그리스도론도 유명하다). 마찬가지로 마르쿠스 아우렐리우스(및 그의 아들 콤모두스)에게 176/180년경 〈그리스도교도를 위한 청원서〉를 쓴 것은 아테네 출신인 아테나고라스이다. 또한 유스티노스의 제자인 타티아노스(120년경-?)도 〈그리스인에게 보내는 말〉이라고 하는 호교론을 저술했다(그는 172년 로마 교회와 갈라선 뒤 시리아에서 4복음서를 조화롭게 엮어 만든 『디아테사론Diatessaron』으로도 유명하다).

2세기 말 — 3세기 초 그리스도교 변증가

나아가 2세기 종반/3세기 초 무렵을 대표하는 네 명의 변증가가 있다. 에이레나이오스, 알렉산드리아의 클레멘스, 테르툴리아누스, 그리고 오리게네스이다.

루그두눔(리옹)의 주교 에이레나이오스(130년경-200년경)는 소아시아(스미르나?) 출신이었다. 177년 루그두눔 박해 때 마침 로마에 있었고, 루그두눔의 주교가 순교했기 때문에 후계자로 선발되었다. 무엇보다도 그는 저작 『이단 반박론Adversus Haereses』으로 알려져 있다. 이것은 그노시스주의에 대한 정통파 교조주의의 반론인데, 반박하면서 그노시스주의 각파의 주의 주장을 상세하게 보고하고 있기 때문에 뜻하지 않게 그노시스주의를 연구하는 데에 매우 중요한 자료가 되었다.

알렉산드리아의 클레멘스(150년경-212/213년)는 아테네 출신으로 각지를 편력한 뒤 알렉산드리아의 판타이노스의 제자가 되었고, 스승이 죽은 뒤 그곳 교리 학교의 교장이 되었다. 그는 중기 플라토니즘으로 뒷받침된 고도의 그리스 철학의 소양을 지니고 있었고, 그것의 지식 세계를 그리스도교적 신앙과 융합시키려 했다. 이것은 훗날 교부 신학에 지대한 영향을 끼치게 되었다. 남아 있는 저서 중 주요한 작품은 유명한 3부작 『그리스인에게 보내는 권유Protreptikos』, 『훈도Paidagogos』, 『잡록Stromateis』이다.

테르툴리아누스(160년경-220년 이후)는 카르타고에서 태어나 법학과 수사학을 연마했다. 나중에 로마에서 변호사가 되었다고도 하는데, 어찌됐든 196년경부터 저작 활동을 개시해 카르타고 교회의 주요 인물이 되었다. 그는 라틴어로 그리스도교 저작을 쓴 최초의 인물이다. 208년까지는 몬타노스파와 가까웠고, 카르타고에서 그 지도자의 한 명이 되었다. 방대한 양의 저작을 남겼는데, 그중에서 예를 들면 유명한 『호교론*Apologeticum*』은 197년경에 성립되었다. 그 책에서 테르툴리아누스는 그때까지의 변증가들과는 필치를 달리해, 매우 적극적이고 공격적으로 그리스도교 박해 재판의 부당성을 폭로해 논란을 벌였다. 이것은 로마 제국의 위기가 드러나기 시작할 무렵, 그리스도교회가 그와 반대로 세력을 확립해가는 양상을 잘 반영하는 것이다.

오리게네스(185년경-254년경)가 활약했던 시대는 이 책의 범위를 넘어서기 때문에 아주 짧게 언급해놓겠다. 오리게네스는 알렉산드리아에 있던 클레멘스의 학교에서 배우고 일찌감치 신동의 면모를 드러냈다. 18세의 나이로 스승의 후계자가 되었다. 성서학자이면서, 고대의 제諸 학문에 정통한 지의 거인이었고, 아우구스티누스와 나란히 후대에 커다란 영향을 끼쳤다.

그리스도교회는 국지적인 박해라고 하는 외부의 어려움을 만나기는 했지만, 복음을 전파하고 교세를 확장시키는 것을 멈추지 않았다. 오히려 박해를 만나면 만날수록 확장해 나갔다는 느낌마저 있다. 150년경까지는 소아시아, 로마는 말할 것도 없고, 갈리아나 북아프리카에 포교가 이루어졌고, 나아가 185년경에는 게르마니아에도 전파되었고, 그 무렵 브리타니아로도 퍼져 나갔다. 이렇게 해서 2세기 말에는 사실상 제국의 거의 전 지역에 그리스도교의 선교가 두루 닿게 되었다.

2. 그노시스파의 융성

기원 2세기가 끝날 무렵 이후, 수십 년 동안은 박해의 위기가 물러갔다고는 해도, 교회에 아무런 문제가 없었던 것은 아니다. 그 이전에도 이후에도 교회의 내부에는 보다 심각해지기 시작한 문제가 있었다. 즉 이미 2세기 초에 시작되었던, 교회 내의 분열, 무엇보다도 그리스도교적 그노시스주의와 '정통파' 간의 투쟁이 치열함을 더해가고 있었다.

〈유다 서간〉, 목회 서간

그 사태를 문서를 확인해보기로 하자. 〈요한의 첫째 서간〉과 〈요한의 둘째 서간〉이 그러한 교회 내부 항쟁의 문제를 가장 큰 테마로 다루고 있다는 것은 이미 앞 장에서 언급한 대로이다. 여기에서는 우선, 2세기 초(?)에 성립한(장소는 불명) 것으로 생각되는 〈유다 서간〉을 살펴보자. 여기에는 그노시스주의적 색채의 이원론적 자유방임주의자가 격렬한 공격의 대상이 되고 있다. 그들은 외부에서 교회를 찾아와, 영적으로 한 단계 높은 그리스도교도로 자임하면서, 일반 교회 신도들을 혼란스럽게 한 듯하다. 그들은 그 고상한 자의식으로 인해 일반 도덕을 무가치한 것으로 간주하고, 그것을 뛰어넘는 것(남색男色 등의 행위도 포함해)을 자신들의 자유의 표현으로 보았던 것 같다.

이러한 그노시스파의 특색을 지닌 '다른 가르침'과의 대결은, 바울로 전승권 내의 소아시아(에페소스?)에서 2세기 전반에 성립한 〈티모테오에게 보낸 첫째 서간〉, 〈티토에게 보낸 서간〉, 〈티모테오에게 보낸 둘째 서간〉(성립은 아마도 이 순서로 되었을 것이다)의 이른바 '목회 서간'에도 나타나 있다.

여기에서 공격의 대상이 된 사람들은, 유대교적 배경을 가짐과 동시에 부활을 영화靈化해서 '부활은 이미 지나갔다'(〈2티모테오〉 2:18)고 주장하고, 이 세상을 경시해서(〈유다 서간〉의 경우와는 반대로) 금욕주의로 치달은 결과, 결혼을 금지하고 어떤 음식을 못 먹게 했다(〈1티모테오〉 4:3). 이에 대해 저자는 설교의 차원에서 그들과 대결하는 것은 포기하고, 다만 그 도덕적 열악함을 비판하는 것에만 집중했다. 서간을 받는 측(인 교회 신도)에게도, 오히려 논쟁으로부터 멀리 있을 것을 지시한다. 저자 자신의 신학적 독자성은 없고, 그때까지 전해져 왔던 '건전한 가르침'(〈1티모테오〉 1:10, 〈2티모테오〉 4:3, 〈티토〉 1:9, 2:1) 즉 바울로 설교의 전통에 보수적으로 충실할 것을 강조하는 것에 그쳤다.

게다가 바울로 신학의 특징이라고 할 수 있는 '의인론義認論'(사람이 구원받는 것은, 신이 무조건적인 은총에 의해 '의義'롭게 해주었기 때문이라고 보는 생각)은, 그것의 울림은 남아 있지만 (〈1티모테오〉 1:13, 〈티토〉 3:5 등), 그 급진적인 역설성은 희박해지고, 도덕적 어조가 지배적이 된다. 종말론은 사실상 포기되고, 이 세상의 존속이 전제된다. 실제로 목회 서간에서 표방되고 있는 윤리는 일반의 시민 도덕과 하등 다를 바가 없다. 국가권력은 아무 문제 없이 인정되고, 노예에게는 주인에 대한 충성이 권해지고(〈1티모테오〉 2:2, 6:1), 여성에게는 지극히 보수적인 복종이 요구되고 있다(〈1티모테오〉 2:9-15).

안티오키아의 이그나티우스

안티오키아의 이그나티우스에 대해서는 이미 박해와 연관해 언급했지만, '이단'과의 관계에서도 그가 쓴 7통의 서간으로 다시 한 번 돌아갈 필요가 있다. 그 편지들이란, 스미르나의 에페소스, 마그네시아, 트랄레스 및 로마의 각 교회 앞으로, 또 트로아스의 필라델피아, 스미르나의 각 교회 및 스미르나의 감독bishop 폴뤼카르포스한테 쓴 7통의 편지를 말하는데, 이 편지들은 명백하게 두 개의 주요한 테마를 갖고 있다. '이단'과의 싸움과 교회 직제의 확립과 강화이다. '이단'은 아마도 유대인 그리스도교도 출신의 가현론假現論적 그노시스주의자들이라고 생각된다. 그들은 예수의 수난을 '가식假飾'으로 보고 그것의 사실성을 부정하고(〈트랄레스〉 9:1, 10:1, 〈스미르나〉 2 등), 부활을 쓸모없는 이야기라고 내치고(〈트랄레스〉 9:2), 성찬을 무의미한 것으로 보았다(〈필라델피아〉 4, 〈스미르나〉 7:1). 이에 대해 이그나티우스는 격한 단죄의 말을 그들에게 던지고 있다.

그[예수]는 진실로 수난을 받았습니다. 진실로 소생한 것과 마찬가지로. 어떤 불신자 무리가 그의 수난은 가식이라고 하는 것은 잘못되었습니다. 가식만으로 존재하는 것은 그들 쪽입니다. 그리고 그들의 생각에 어울리는 일이 그들에게 일어나겠지요. 몸을 갖지 않은 유령과 같은 무리들에게.(〈스미르나〉 2)

동시에 이그나티우스는 신자들이 이런 말을 하는 자들에게 귀 기울이지 말고, 그저 '감독'의 말에만 따라야 한다고 거듭해서 요청하고 있다.

그노시스주의의 구성 요소

그렇다면 이 정도로까지 문제시되었던 그노시스주의Gnosticism란 대체 어떤 것일까. 그것은 기원 1세기, 정치적으로는 로마 제국 속주의 피정복민(유대·사마리아, 이집트 등) 사이에서, 종교사적으로는 유대교의 외곽 내지는 그것과 접촉하는 지대에서 성립한 종교 사조이고, 다음과 같은 기본적 구성 요소를 지니고 있었다고 여겨진다.

하나는, 인간의 본래적 자기와 지고자至高者가 본질적으로 동일하다고 하는 '인식'(그리스어로 '그노시스'라고 한다)을 구제救濟의 원리로 본다는 것이다. 다음으로는, 신체, 세계, 별자리, 우주의 창조자('데미우르고스'라고 한다) 일체를 비본래적인 악으로 간주하는 우주론적 이원론을 표방하는 것이다. 앞의 '지고자'란 이러한 전 우주 및 그 창조자도 부정적否定的으로 초월한 존재이다. 그리고 세 번째로, 이러한 존재 양태와 구제 인식의 성립(지고자로부터 보내진 계시자啓示者의 중개에 의해)을 표현하는 초역사적 신화를 옹호한다는 것이다. 이 신화는 기성의 종교, 민족 신화를 환골탈태시킨 것에서 성립한다.

이러한 그노시스주의는 그리스도교와 관계없이 성립되었다. 그러나 얼마 안 있어 그리스도교 안에 강한 영향력을 발휘하기에 이르렀다. 이것을 정확히는 '그리스도교적 그노시스주의' 또는 그리스도교 '그노시스파'라고 한다.

그리스도교도로서의 그노시스주의자들

그것의 가장 전형적인 발현 형태의 하나로 이른바 '가현론 docetism'이 있다. 이것은 육체 및 이 세상의 성격世性을 부정하는 그노시스적 세계관에 대응한 그리스도론이고, 예수는 본래적으로 영적 존재이지만, 단순히 외관상의 '발로'로서, 그것도 일정 시기에만 육체를 가진 인간의 모습을 취한 것에 지나지 않는다, 따라서 예수는 본래 수난을 받는다는 것은 있을 수 없고, 또한 십자가형으로 죽음을 당하지도 않았다고 주장하는 것이다.

우리는 이미 〈요한의 서간〉이 교회 내에서 발생한 이런 종류의 그리스도론 지지자와 대결하고 있다는 것을 보았다. 관점을 바꾸면 〈요한 복음서〉에 이미 훗날의 그노시스주의로 발전해가는 요소가 있었고, 후대에 그것을 의식적으로 전개한 흐름과, 오히려 '대교회大敎會'적 노선에 스스로를 적합하게 만든 흐름으로 갈라졌다고 봐야 할 것이다. 후자가 〈요한의 서간〉이고, 전자가 그 속에서 비판되고 있는 '이단'적 교회 구성원이다.

또 우리는, 바울로 사상을 전개한 '바울로 학파'의 주류인 '목회 서간'이, 역시 그노시스적인 적대자와 논쟁하는 모습도 보았다. 이러한 경우 중요한 것은, 이들 그노시스주의자가 스스로를 그리스도교도, 그것도 진정한 그리스도교도라고 이해했다는 것이다. 그것은 보통의, '대교회'적 그리스도교도에 대해 우월 의식을 주었을 뿐 아니라, 때때로 그들에 대한 동정적 연대 의식조차 생기게 했다. 이러한 그노시스적 그리스도교도를 이단시한 것은 '대교회' 측이고, 후자가 초기 카톨리시즘으로서 살아남았기 때문에, 우리도 그노시스주의를 머릿속에서 이단으로 취급하기가 쉽다. 그러나 '대교회'는 그노시스주의와 싸우면서도, 실제로는 결국 그것의 영향을 받고서 발전해 나간 측면도 다분히 있다. 또한 동시에 그노시스주의를 내쳤기 때문에 잃어버린 것도 적지 않다. 그노시스주의도 포함된, 본래 의미의 초기 그리스도교사의 출현이 기다려지는 이유가 여기에 있다.

대표적 그노시스주의자

여기에서 저명한 그노시스주의자들을 살펴보기로 하자. 첫 번째로 오는 인물은 이미 1세기 중반 사마리아에 등장한 것으로 보이는 시몬 마고스Simon Magos(〈사도행전〉 8:9-25 참조)이다. 그에 관해서는 전설적 요소가 많아서 명확하지는 않지만, '마술'을 잘하는 그가 '위대한 힘'이라고 자칭하면서, 신봉자를 모았다는 것은 확실하다. 그 운동('시몬파')은 이윽고 로마에까지 퍼졌고, 2세기 전반에 특히 로마에서 교회에 위협적인 존재가 되었다.

시리아 출신의 사토르닐로스Satornilos(혹은 사투르니누스Saturninus)는 처음으로 그리스도를 그노시스적 구원자로서 그렸기 때문에, 최초의 '그리스도교적 그노시스주의자'라고 불린다. 그의 활동은 2세기 전반에까지 미쳤다. 소아시아 출신의 케린토스Kerintos는 2세기 중반에 순교한 스미르나의 폴뤼카르포스와 동시대 사람으로, 가현론적 그리스도론을 제창했다. 이집트에서는 카르포크라토스Karpokratos가 나와 하드리아누스 황제 시대에 소아시아에서 활동했다. 이 파는 자유방종주의로 유명했고, 저명한 여제자인 마르켈리나는 훗날(160년경)

로마에서 선교 활동을 했다. 케르돈은 시리아 출신으로 그 지역에서 그노시스주의자가 되었고 140년경 로마에서 활동했던 듯하다. 마르키온의 교사로 여겨지는데 정확한 설교 내용은 알 수가 없다.

또한 이 시기 거물 그리스도교 그노시스주의자로서는, 바실리데스, 발렌티누스, 그리고 원래는 그노시스주의자가 아니지만, 유사한 사상을 실천했던 마르키온을 들 수 있다.

바실리데스와 발렌티누스

바실리데스Basilides에 관해서는, 그 출신지도 연대도 정확히 알 수 없다. 다만 그가 하드리아누스 황제와 안토니누스 피우스 황제 치세(117-161년)의 어느 시기에, 알렉산드리아에서 활동했다는 것만은 확실하다. 그의 설교는 재구성하기가 쉽지 않지만, '원부原父'로부터의 일종의 '유출'을 설파했던 듯하다. 그의 설은 제자(자식?)인 이시드로스 등에 의해서 계승, 발전되었다.

발렌티누스Valentinos는 하下이집트에서 태어나, 알렉산드리아에서 그리스식 교육을 받고, 아마도 거기에서 그리스도교에 입문해, 자유로운 그리스도교적 교사로서 활동했던 것 같다. 그 뒤 로마로 와서, 142년에 피우스가 로마 교회의 단독 주교episkopos(영어로 bishop)가 됐을 무렵, 로마 교회에서 분리해 나간 듯하다. 그 뒤로 아니케투스가 로마의 주교였을 때

(155-166년) 로마를 떠나 동방으로 옮겨 갔다고도 전하지만, 160년경 로마에서 사망했다는 설도 있다. 어찌됐든 발렌티누스는 환시적 신비 체험자였고, 또한 강인한 신화적 사변가이기도 했던 듯하다.

발렌티누스는 기존의 그노시스주의적 사고 체계(이른바 '바르베로 그노시스파'나 '오피스파'의 그것)를 받아들여 자신의 체계를 전개했다. 이 발렌티누스로부터 그리스도교 그노시스주의 최대의 조류가 발생했다. 이것을 '발렌티누스파'라고 부른다. 이 파는 나중에 '동방계'와 '서방계'로 분리되어 발전했다. 전자는 이집트, 시리아, 소아시아에 세력을 펼쳤고, 마르코스, 테오도토스 등의 후계자가 나왔다. 후자는 로마를 중심으로 갈리아 남부까지 퍼졌고, 프톨레마이오스, 헤라클레온 등의 인물이 중심이었다. 이러한 전개에서 발렌티누스 자신의 가르침은 결코 권위 있는 규범으로 여겨진 것이 아니고, 항상 더 강력한 카리스마적 전개에 대해 열려 있었다. 제자들은 '스승의 가르침을 개량하는 자'로 간주되었다고 한다. 그렇다 해도 30의 '아이온'의 가르침, 전체를 '물질(신체)' '혼' '영'의 세 층으로 나누는 분류법 및 물질적, 혼적 세계의 원천으로서의 '무지無知'의 모티프는 모든 발렌티누스파에 공통되었다고 인정된다. 이 파의 활동은 4세기가 끝날 무렵까지 이어졌다.

마르키온파

이것과의 연관에서 마르키온Marcion에 관해서도 살펴보겠다. 마르키온은 흑해 연안의 시노페에서 1세기 말경 태어났다. 아버지는(이미 그리스도교도?) 선주였고 마르키온은 그것을 이어받은 것으로 생각된다. 확실한 것은 그가 140년경 로마 교회에 등장해 교회에 다액의 헌금을 하고, 자신의 설교로 선교를 시작했다는 것이다. 그것은 구약의 율법신, 창조신과 신약의 은총의 신, 속죄의 신의 극단에서 비타협적인 대립에 중심이 있다. 그때, 전자는 철저하게 깎아내려지고 이 점에서 그노시스주의와 공통된다. 그러나 인간이 후자의 선한 신과 본질적으로 동일하다고는 표방되지 않는 점(오히려 인간은 어디까지나 죄인이다), 또한 신화적 사변이 없이 성서의 틀에서 벗어나지 않는다는 점에서는 그노시스주의와 선을 긋고 있다.

마르키온은 이러한 자신의 설교를 교회 안에서 관철시키려 하지만 좌절하고, 144년 로마에서 파문당하기에 이르렀다. 그러나 마르키온은 굴하지 않고 파문과 동시에 스스로의 '교회'를 설립해서 선교에 나섰다. 또한 그는 자신만의 '정전正典' 편집 작업을 했다는 점에서도 유니크했다. 즉 그는 〈루카 복음서〉와 10통의 바울로 서간만을 ─그것도 자신의 입장에 맞게 교정한 것─ 기초로 삼았다. 마르키온 자신은 160년경에 사망한 듯한데, 그의 교회는 놀라운 속도로 퍼져 나가, '대교회' 측에 심각한 위기의식을 불러왔다. 마르키온의 교회는 이탈리아는 말할 것도 없고 이집트, 메소포타미아, 아르메니아까지 확대되었고, 4세기까지 커다란 세력을 유지했다.

'나그 하마디 문서'의 발견

1945년 상 이집트의 룩소르 북방 80킬로미터에 위치한 나그 하마디라는 마을 근처에서, 콥트어로 기록된 그노시스주의의 파피루스 코덱스(사본)가 대량으로 발견되었다. 4세기에 필사된 것으로 전체 13권에 이르는 이른바 '나그 하마디 사본'의 발견이다. 유명한 은둔 수도자 파코미오스(292년경-347년)가 세운 수도원이 가까이에 존재했다는 사실에 미루어, 이 수도원의 도서관에서 금욕과 관련된 주제를 수집해서 번역한 장서의 일부로 여겨지고 있다. 어찌됐든, 그노시스주의의 제1차 문헌이 햇볕을 보게 된 것은 극히 이례적인 것이어서, 연구자들에게 준 충격은 헤아리기 어려울 정도이다.

이 문서 중에는 그리스도교와는 관계가 없는 그노시스주의의 문서도 있지만, 동시에 원래 비그리스도교적이었던 것이 그리스도교적 그노시스주의로 전환된 것, 또한 원래 그리스도교적 그노시스주의의 입장에서 저술된 것이 혼재해 있다. 이 책의 서술 범위와 연관된 흥미를 끄는 것은 뒤의 두 가지인 그리스도교적 그노시스주의, 즉 그노시스파가 창작 내지는 편집한 작품들이다.

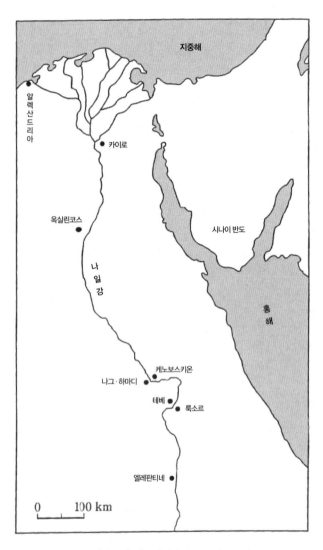

지중해

알렉산드리아

●카이로

옥실린코스

나일강

시나이 반도

홍해

케노보스키온
나그·하마디 ●
테베 ●
룩소르 ●

엘레판티네 ●

0   100 km

[지도8] 나그 하다미와 그 주변

〈도마 복음서〉

그중에서 아마도 가장 유명한 문서는 〈도마에 의한 복음서〉일 것이다. '이것은 살아 있는 예수가 말한, 숨겨진 말이다……'로 시작되는 서문 이후, 140개의 로기온(예수의 짧은 말)이 담겨 있다. 그 뒤의 연구는, 이 책이 원래, 뒤에 나올 동시리아 에데사 교회에서 성립한 문서라는 것을 밝혀냈다. 시기는 2세기 후반으로 알려졌다. 그것이 그리스어로 번역되었고, 다시 콥트어로 번역된 것이다.

이들 140개의 로기온은 전승사적으로 세 개의 범주로 나뉜다. 하나는, 지금까지 이른바 정전 복음서로부터도 알려져 있는 예수의 어록과 거의 같거나 혹은 상당히 다른 형태로 편집되어 있는 것. 두 번째는 정전 복음서에는 없지만, 그 밖의 문헌에 이전부터 '예수의 말'로서 알려져 있던 것(이른바 '아그라파Agrapha'='[정전에는] 쓰여지지 않은 것'이라는 의미). 세 번째는 그 외의 지금까지 전혀 알려지지 않았던 '예수의 말'이다.

이러한 사정들로부터, 이 책은 예수의 말 연구에서 한때 선풍적으로 화제를 모았다. 그 뒤에도 특히 북아메리카 연구자들에 의해, 정전 복음서의 예수의 말보다도 한층 더 예수의 원래 모습에 가까운 말로 받아들여지는 경우가 많다. 이 점은 현재까지도 의문의 여지가 있지만, 〈도마 복음서〉의 발견에 의해 예수의 말을 고찰할 때의 소재가 이전보다도 훨씬 더 풍부해진 것은 사실이다. 그에 더해 그러한 말들 속에 그노시스주의

적인 세계관에 기반해 편집 단계에서 창작되었다고는 생각할
수 없는 내용의 것이 발견될 때, 새로운 '예수 전승'의 역사의
가능성도 부상해, 더 한층 흥미롭다. 예를 들어 다음의 말은 궁
극자의 임재를 목하의 일상사에서 동정하는 점에서는 오히려
동양 사상에 가까운 내용이다.

> 나무를 잘라 보라. 나는 거기에 있다. 돌을 들어 보라. 그러면
> 너희들은 나를 거기에서 발견하게 될 것이다.(로기온 77)

〈필리포 복음서〉

마찬가지로 나그 하마디 사본에 속하는 문서로, 그노시스파
를 고찰하는 데 중요한 문서를 하나 더 알아보겠다. 〈필리포
에 의한 복음서〉이다. 이것은 실제로는 〈훈언집訓言集〉이라고
말할 수 있는 것이다. 그 원본은 2세기 후반 이후부터 3세기에
걸쳐, 시리아 변경에서 성립되었을 것이다. 발렌티누스파의 호
름을 이어받은 그노시스주의자의 손에 의해 쓰인 것으로 생각
된다. 이 책의 특징적인 점 가운데 하나로, 그노시스파 그리스
도교도가 소위 정통파 교회의 그리스도교도와의 관계를 고찰
한 문장이 있다.

> 인식[그노시스]에 의해 자유로워진 사람은, 인식의 자유를 아
> 직 받지 못하고 있는 사람들에 대한 사랑 때문에, 노예가 되고 있

는 것이다. 그리고 인식은 그들을 자유롭게 하기 때문에 그들을 강하게 만든다. 사랑은 아무것도 받지 않는다. 왜냐하면, 대체 무엇 때문에, 그것이 모든 것을 소유하고 있으면서 무엇인가를 더 받을 수가 있겠는가.(110$_a$)

이 대목에서 '인식에 의해 자유로워진 사람'이란 그노시스파의 사람이고, '인식의 자유를 아직 받지 못하고 있는 사람들'이란 주류파인 정통파 교회의 일반 신도들을 의미할 것이다. 전자의 영적인 우월 의식이 후자에 대한 '사랑'의 필요성이 되어 표출되어 있다는 점이 흥미롭다. 이것은 당시의 정통파 교회가 그노시스를 특히 그것의 윤리적 측면에서 비방하는 것에만 시종하고, 교제로부터의 배제를 선명하게 하고 있었다는 점을 고려하면 더 한층 의미심장하다.

또한 이상의 〈도마 복음서〉나 〈필리포 복음서〉는 유형적으로는 전통적 '복음서'가 아니다. 각 문서의 마지막에는 각각 '……에 의한 복음서'라고 되어 있어서 그렇게 부르고 있지만, 이 명칭 자체가 후대에 덧붙여졌을 것이다.

몬타노스파와 그 외

그노시스주의 이외의 '이단'적 인물 및 그 운동에 관해서도 잠깐 살펴보겠다. 그 대표격이 몬타노스Montanos이다. 그는 원래는 이교도였지만 그리스도교로 개종해, 156/157년(다른 설에 의하면 172/173년) 터키 반도 중부의 프리기아에 등장해 자신의 공동체를 만들었다. 얼마 안 있어 그는 프리스킬라와 막시밀라라고 하는 두 명의 카리스마적 여성을 협력자로 얻어, 성령이 직접 이야기하는 말을 일인칭으로 말하기 시작했다. 막시밀라는 말한다.

주主는 나를 이 고지告知를 가져오는 자로서 파견했다. 원하든 원하지 않든 상관없이 강제적으로, 신의 인식을 고해서 알리게 하기 위해서 파견했다……

운동의 특징은 묵시 사상적 방향성으로, 프리기아 지방의 페푸자에 신의 나라가 하늘로부터 도래한다고 설파했다(페푸자의 정확한 위치는 애초에 명확하지 않았는데, 2002년 독일 하이델베르크 대학 팀이 터키 중부에서 발견했다). 여기에 맞게 극단적으로 금욕적인 윤리가 요구되었다. 그러나 이 운동은 시간이 지남에 따라, 동일한 긴장감을 유지할 수 없게 되었고, 하나의 섹트적 교회 조직이 되어 갔다. 몬타노스파의 말이 수집되어, 그 교회에는 사제직이 등장했다. 그러나 그 열광적인 예언주의 및 정전에 관한 이해의 차이로 인해, 몬타노스파는 '대교회'로부터 배제되었고, 결국 5, 6세기경 소멸하고 말았다.

또한 로마에서는 주교 빅토르 1세의 시대(189-198년)에 무두장이인 테오도토스Theodotos가 등장했다. 그는 양자론養子論

적 단성론자單性論者로, 예수는 처녀 마리아와 성령에 의해 태어난 사람이고, 세례를 받고서 신의 아들로 '입양'되었다(즉 그리스도가 되었다)고 주장해 파문되었다. 그러나 그의 제자들은 일파를 이루기에 이르렀다.

유대인 그리스도교도

이들 외에도 '대교회' 측으로부터 이단시된 조류에 유대인 그리스도교도의 그것이 있다. 우리는 앞서 이미 70년 예루살렘 멸망 이전에 예루살렘의 원시교회가 아마도 펠라 등의 동 트랜스 요르단으로 이주했을 것이라고 언급했다(극히 일부 유대인 그리스도교도는 70년 이후 다시 예루살렘으로 돌아간 듯하다). 이로써 협의俠義의 유대인 그리스도교도는 역사의 주류에서 모습이 사라지지만 얼마 동안은 여러 지역에서 활동을 계속해 부분적으로는 그노시스주의와 결합하기도 했다. 그들은 자신들을 '에비온 인'('가난한 사람'이란 의미의 히브리어)이라 부르고, '나조라 인Nazoreans'이라고 부르기도 했다. 자신들의 이해에 맞춰 복음서를 편찬해 '정전'으로 삼기에 이르렀다. 즉 2세기 전반, 아마도 동 요르단에서, 〈마태 복음서〉를 중심으로 공관복음서를 개찬改竄해서 만든 〈에비온인 복음서〉, 비슷한 무렵 아마도 페레아에서 쓰인 〈나조라인 복음서〉, 나아가 이집트의 알렉산드리아에서 2세기 전반에 저술된 〈히브리인 복음서〉이다.

그들은 일반적으로 율법, 특히 정결한 음식의 규정에 극단적으로 충실했고, 대체로 금욕적이었다. 또한 그리스도론으로서는 예수가 요르단 강에서 세례를 받을 때 신이 보낸 '아들'로서 받아들여졌다고 하는 '양자론養子論적 그리스도론'(내지는 그와 비슷한 것)을 전개했다. 또한 그들은, 베드로가 '대교회'의 상징적 권위라고 한다면, 자신들의 표징表徵으로 주의 형제 야고보를 내세웠다. 〈히브리인 복음서〉에서는, 야고보는 부활한 예수의 첫 번째 증인이고, 최후의 만찬의 정당한 참석자 중 한 사람으로 들어가 있다. 이러한 그들의 자세는 결과적으로 '대교회' 측으로부터 적지 않게 비판을 받게 되었고, 실제로 그들은 3, 4세기에는 완전히 소멸하고 말았다.

또한 100-115년경, 유대인 엘케사이Elchesai가 예언자로서 등장해서 파르티아에 새로운 파派가 생겨났다고 하는 교부敎父들의 전승이 있는데, 이 시대 설정에는 문제가 있다. 그러나 그 노시스적 유대인 그리스도교의 '엘케사이파'가 2세기에서 4세기에 걸쳐, 트랜스 요르단 지방에서 활약한 것은 사실이다.

에데사의 활약

이와 관련해 동 시리아의 오스로에네 왕국의 수도 에데사 Edessa에 관해서 특별히 언급할 필요가 있다. 애초에 오스로에네 왕국은 동쪽으로는 아디아베네와 인접하고, 서쪽으로는 유프라테스 강에 이르는 작은 나라였는데 132년에 독립해서 왕국이 되었다. 로마에 대해서도, 파르티아에 가담해 몇 번이나 전쟁에 참가했다. 하지만 무엇보다도 주목해야 할 것은 이 에데사에서 꽃핀 그리스도교 문화이다.

이 도시는 이미 2세기 초기에 그리스도교가 전파되었던 것 같다. 나아가 아브가르 9세(재위 179-214년)는 그 재위 기간 중에 이 지역에서 왕으로서는 처음으로 그리스도교도가 되었고 이렇게 해서 에데사 자체가 200년경에는 동 시리아의 그리스도교 중심지가 되었다.

다만 이 지역의 그리스도교는 애초부터 유대인 그리스도교적 내지는 그노시스적인 혼교混交 종교의 성격이 강했고, 소위 '정통'파적(즉 서 시리아의 안티오키아적인) 흐름에는 속하지 않았다. 앞에서 말한 〈도마 복음서〉의 원형은 여기에서 성립한 것이다. 또한 상술上述한 타티아노스의 『디아테사론Diates-saron』도 에데사를 중심으로 한 동 시리아의 교회를 위한 작품이었고, 후대의 마니교의 선구자라고 평가받는 바르다이산 Bardaisan도 이 지역에서 197년경 회심했다고 전해진다. 초창기 그리스도교사에서 에데사의 역할은 상당히 컸다고 할 수 있다. 다만 2세기 종반경에는 '정통'파 안티오키아 교회의 영향력이 서서히 증대되었다. 그리고 정치적으로는 216년에 카라칼라 황제에 의해 최종적으로 독립을 빼앗겼다.

'대교회' 측의 대항 조치 — (1) 신앙고백

이러한 '이단' 제파諸派와의 싸움을 '정통파'인 대교회는 어떻게 수행했을까. 그것은 기원 4, 5세기에 이르기까지의 초기 카톨리시즘 체제 만들기 속에서 읽어낼 수 있다. 왜냐하면 이 체제 확립의 과정이야말로, 그 커다란 외적 동인動因이 '이단' 과의 싸움 속에 있었기 때문이다. 여기에서는 그것에 대해 개관해보자.

체제로서 초기 카톨리시즘을 지탱한 것은 세 가지이다. 신앙고백의 제정, 정전의 결집, 성직 위계제의 확립이다. 신앙고백의 가장 오래된 형태는 〈고古 로마 신조Symbolum Romanum〉라고 불리는 것으로 2세기 후반에는 이미 성립되었던 것으로 보인다. 이것은 현재 거의 모든 교회에서 낭송하는 〈사도신경Symbolum Apostolicum〉의 모태가 되었다.

나는 전능하신 하느님 아버지를 믿습니다. 나는 그의 외아들, 우리의 주 예수 그리스도를 믿습니다. 주는 성령에 의해 잉태되어 처녀 마리아로부터 태어나시고, 본디오 빌라도에 의해 십자가에 매달려 죽으시고, 사흘째에 죽은 자 가운데서 다시 살아나셨고, 하늘에 올라 하느님의 우편에 앉아 계시다가 산 자와 죽은 자를 심판하러 오십니다. 나는 성령을 믿고, 거룩한 교회, 죄의 용서, 몸이 다시 사는 것을 믿습니다. 아멘 여기에서 이미 하나인 '전능한 신'에 대한 신앙이 노래되고 있다. 이것이 원래 '이단'을 반박하기 위한 목적으로만 쓰인 것인지 아닌지는 확실하지 않지만, 후대가 되자 확실히 그런 식으로 이해되었다. 왜냐하면 그노시스주의야말로, 바로 '창조신'을 폄훼하고, 그것을 초월하는 '지고자'를 '인식'하는(단순히 '신앙'하는 것이 아닌) 것을 표방했기 때문이다. 그노시스파의 방향성을 가진 사람이, 이 신조를 교회 안에서 자발적으로 계속해서 창화唱和하는 것은 매우 곤란한 일이었기 때문에, 이 신조 자체가 일종의 리트머스지의 기능을 발휘하기에 이른 것이다.

'대교회' 측의 대항 조치 — (2) 신약 정전의 결집

다음으로 신약 정전의 결집에 관하여 말하자면, 이것은 한편으로는 그노시스주의의 너무도 자유분방한 저작 활동을 한정할 필연성에서 나온 것이다. 애초에 70개를 넘는 신약 외경外經 가운데 반 이상의 작품이 그노시스파적이라는 것 자체가, 사태의 중대함을 암시하고 있다. 그노시스 문서는 본래적으로 계시 문서의 성격을 지니고, 그때까지의 전승의 기준에 속박된 것이 아니었기 때문에, '정통파' 교회로서는 신앙을 혼란시키는 원흉 그 자체였다. 거기에서 '담즙을 벌꿀과 섞어서는 안 되기'(《무라토리 정전 목록》) 때문에, 이른바 정전의 선별 및 '이단서異端書'의 배제가 개시되었다. 그때 선정 기준은 '사도적 권위'였다. '사도들'이야말로 대교회의 감독(주교)의 권위와 신약 문서의 정통성을 입증하는 존재로 여겨졌기 때문이다 (다만 이 기준은 지금의 역사학의 기준으로 본다면 반드시 사정에 부합하지는 않는다).

복음서의 정전화와 관련해 좀 더 자세하게 들여다보면, 유스티노스에게서 이미 맹아가 나타났기 때문에 2세기 중반경에 시작되었다고 할 수 있다. 유스티노스는 그의 〈제1변명〉(153/154년경) 안에서 〈사도들의 여러 회상록〉(67:3 또한 33:5도 참조)이 교회에서 권위 있는 책으로서 낭독되고 있다는 사실, 또한 그 '회상록'은 '복음'(복수형)이라고도 불리고 있다는 사실(66:3)을 보고하고 있다.

하지만 그것들은 언제부터 복음(euangelion이라는 단수형)으로 불리게 되었을까. 2세기 초에 성립된 〈12사도의 교훈〉 안에 '복음euangelion'(8:2, 11:3, 15:3-4)이라고 말해지고 있는 것이 과연 현재의 〈복음서〉를 가리키는지, 혹은 그리스도교의 기본적 가르침(을 경우에 따라서는 부기(付記)한 것) 정도를 가리키는지는 논의의 여지가 있다.

그 이후에 명확하게 책을 '복음euangelion'이라고 부른 인물은, 앞에서 다룬 마르키온이다. 마르키온은 〈루카 복음서〉를 자신의 관점으로 편집하고 고쳐서, 이것이야말로 '복음' 그 자체라는 의미를 담아서 〈복음euangelion〉이라고 제목을 붙여 공표했다(140년대). 어느 가설에 의하면, 대교회 측은 이 마르키온의 '복음'이라는 개념을 수용해서, 그때까지 수집하고 있던 (우리가 현재 말하는) 복음서에 적용했다고 한다. 어찌됐든 대교회 측은 네 개의 고정된 예수 이야기 각각에, '복음은 하나'라고 하는 대교회적인 메시지를 담아 '(마태오, 마르코, 루카, 요한)에 의한 복음서'라는 제목을 붙였다.

시대적으로는 이 '네 복음서'의 정전화는 180년대 중반 에 이레나이오스 이전에는 완료되었다고 볼 수 있다(『이단 반박론』 제3권 11-8 등). 그 밖의 신약 문서 선별도 동시에 병행했던 듯하며, 따라서 2세기 말의 〈무라토리 정전 목록Canon Muratori〉(1740년 L. A. 무라토리가 밀라노에서 8세기 사본들 가운데서 발견한 목록 문서)에는 거의 모든 신약 문서가 들어 있다. 즉 여기에는 〈히브리서〉, 〈야고보서〉, 〈1, 2베드로〉 및 〈요한의 서간〉 중 하나를 제외한 22문서가 확인된다(신약의 전술 27문서가 확립된 것은 4세기 말).

대교회 측의 대항 조치 ─ (3) 성직 위계제

마지막으로 성직 위계제에 관해서는 로마에서 나온 〈클레멘스의 첫째 서간〉 속의 직제 이해에 관해서 앞에서 이미 보았다. 이때에 와서는 감독들의 권위는 '사도'로 직결되었고, 그로 인해 그리스도 및 신에 연결되는 존재로서 권위가 붙게 되었다.

다음으로는 이미 언급한 〈목회 서간〉에 드러나는 직제에 관하여 살펴보겠다. 중요하다고 생각되는 것은 '장로들'과 '감독' 및 '집사들'의 존재이다. '감독'이란 필시 장로들의 리더 격인 사람(내지는 그중의 한 사람)을 의미하며, '집사'는 장로들 내지는 감독의 보좌역이다. 다만 그들에게는 이미 우리가 보았던 〈클레멘스의 첫째 서간〉 정도로도 하늘로부터의 권위가 붙어 있지 않았다는 점이 주목된다. '감독은 책망받을 만한 점이 없고, 단 한 여자의 남편이고[즉 재혼하지 않았고], 미망에서 깨어났고, 사려 깊고, 품행이 방정하고…… 술을 좋아하지 않고, 난폭하지 않고, 오히려 온화하고, 사람들과 다투지 않고, 돈에는 담백하고……' 등의 인간적 자격이 전제가 되고 있는 것에 지나지 않는다. 그렇다고 해도 이러한 그들의 사명의 커다란 부분은, 바로 '이단'과의 싸움에서 교회를 통솔하는 것에 있었다. 이러한 모습 속에는, 이 시기에 '바울로 학파' 주류의 입장이 반영되어 있고, 이것은 곧이어 탄생하는 초기 카톨리시즘의 중앙으로 합류하게 된다.

다음으로 주목할 점은, 안티오키아의 이그나티오스의 직제 관념이다. 이그나티오스에 의하면, '이단'과의 싸움을 맞이해, 신자들을 통할統轄해야 하는 자가 '감독'(내지는 '주교')이다. 감독이란 '예수 그리스도'와 같은 존재이고(〈에페소〉 6-1, 〈트랄레스〉 3-1), 동시에 '신의 자리'(〈마그네시아〉 6-1)에 오르는 자이며, '신의 모상模像'(〈트랄레스〉 3-1)이기조차 하다. '감독이 없이는 아무 일도 해서는 안 된다'(〈트랄레스〉 2-2), '감독 없이 무엇인가를 하려는 자는 악마를 섬기는 자이다'(〈스미르나〉9-1).

이 절대 통솔자라 할 수 있는 감독 밑에 '장로단'이 온다. 그들은 '사도단'(〈마그네시아〉6-1, 〈트랄레스〉3-1)과 같은 자들이다. 그리고 그 밑에 '집사들'이 계층적으로 위치한다. '나는 당신들 안에 있을 때 큰 소리로 외쳤다. 즉 신의 목소리로 말했다. 감독과 장로단과 집사들을 따르라고'(〈필라델피아〉7-2), '감독과 장로단과 집사 없이 어떤 일을 행하는 자는 양심이 깨끗하지 않은 것이다'(〈트랄레스〉7-2). 왜냐하면 이러한 감독 체제에 대한 복종만이 '이단'을 막고 교회의 일치를 확약하는 것이었기 때문이다.

단 이러한 감독의 전제專制 체제가 실제로 어느 정도로 존재했는지는 의심의 여지가 있다. 그것은 '이러이러 해야 한다'고 하는 이그나티오스의 상정想定이라는 측면이 상당히 강하다. 또한 감독을 〈클레멘스의 첫째 서간〉처럼 사도와 결부시키지 않고, 직접 신과 연결하는 표상은 초기 그리스도교 안에서도 예외적이라고 할 수 있다. 하지만 그럼에도 불구하고, '이단' 방어를 위해 이러한 체제 구상이 생겨나고 결국 그것이 초기 카톨리시즘의 위계 체제 실현에 기여했다는 것은 의심할 수 없다.

2세기 후반의 에이레나이오스에 이르면, 12명의 이름을 늘어놓은 '교황 리스트'가 등장한다(『이단 반박론』제3권 3-2-3). 여기에서 한 명의 주교(감독)가 그 권능을 대대로 전승해 간다고 하는 관념이 명료하게 나타나 있다는 것을 알 수 있다. 확실히, 단독 주교제 체제하에서, 모든 신자가 거기에 동의하는 교회 조직은 외부의 적과의 싸움에서 엄청난 강점을 발휘하게 된다.

그노시스파의 교회 형태

그노시스주의자들은, 이러한 피라미드 조직과는 전혀 반대의 형태를 취했던 것으로 보인다. 그것은 오히려 원시교회 집단의 그것과 흡사해서, 한편에 '영靈의 사람'들이 있고, 다른 한편에 일반 신도가 있다고 하는, 카리스마적 집회 형태였을 것으로 추정된다. 이러한 체제는 당연히, 이 지상에서 구원의 유일한 중개자(매개)라는 것을 주장하는 단독 주교제 및 그것에 의해 지도되는 구제 조직으로서의 교회에 대해서 비판적이 되지 않을 수 없다.

여기에 더해, 대교회는 베드로를 비롯한 '사도'들과 이어져 있었기 때문에 남성 중심제이다. 성직 위계제에 여성이 들어올 여지는 없다. 그런데 그노시스주의에서는 애초부터 이 전승succession 사상이 지배적이지 않았다. 게다가 구원받아야 할 인간의 본질은 여성성을 지닌 것으로서 그려졌다. 이러한 점에서 그노시스주의적 교회에서는 대교회에서보다도 여성이 활약할 수 있는 무대가 많았을 것으로 추측된다.

다만, 이 위계 체제는 지금 우리가 문제로 삼고 있는 시대에

248

는 모든 교회를 지배하는 통일적인 조직은 아니었다는 점을 강조해 놓을 필요가 있다. 각각의 주교(감독)가 각기 전권을 가지고 각자 자신들의 교회를 지휘해 나갔다. 로마 주교 빅토르 1세(189-198년)는 로마 주교의 우위성을 주장했지만, 다른 주교들을 따르게 하는 데까지는 미치지 못했다. '주교 중의 주교'(훗날의 로마 교황)는 아직 등장하지 않았다. 교황의 탄생은 시대를 내려와 5세기 중반, 레오 1세에 의해 이윽고 확립되었다.

3. 그 밖의 그리스도교적 저작

여기에서는 지금까지 다루지 않은 그리스도교적 저작에 관해서 알아보겠다.

제2베드로서

신약 정전에 들어간 문서 중에서 가장 성립 시기가 나중이라고 여겨지는 것이 〈베드로의 둘째 서간〉이다. 그것의 성립 시기는, 정확히는 알 수 없지만, 일반적으로 2세기 중반으로 추정되고 있다. 이것은 〈유다의 서간〉를 전제로 하고 있고, 그 내용을 이용하여 '재림'은 없다(3:4 참조)고 주장하는 '이단'을 공격하고 있다. 동시에 이 문서에는 이른바 '재림의 지연'에서 오는 초조감과의 대결이 명확하게 보인다. 바울로 서간집이 널리 퍼졌다는 것의 증거로서도 매우 흥미롭다(3:15-17). 이 문서의 성립 장소는 헬레니즘 세계에 속한다는 것 외에는 알 수 없다.

사도 교부 문서

사도 교부 문서 중에서 가장 오래된 〈클레멘스의 첫째 서간〉이나, 〈이그나티오스의 7통의 서간〉에 관해서는 앞에서 언급했고 여기에서는 그 밖의 사도 교부 문서에 관해서 알아보겠다.

우선, 2세기 초 무렵 아마도 시리아에서, 유명한 〈12사도의 교훈Didache〉(원어 그대로 '디다케'라고도 부른다)이 성립된 것이 주목할 만하다. 이 문서는 교회 규칙서Church Order로는 최초의 문서이다. 그중에서도 '자신을 위해서 주에 걸맞은 감독들과 집사들을 선택하시오. 그들도 당신들을 위해 예언자들과 교사들의 직분을 다할 것이오'(15:1)라는 내용이 보인다. 그것은 예언자(나 교사)라고 하는 카리스마적 지도자상이, 감독 및 집사라고 하는 익히 알려진 직무로 대체되어 가는 과정을 명확하게 입증하고 있다.

또한 〈폴뤼카르포스의 서간〉 1-12장과 14장이 135년경, 필리피의 교회 앞으로 쓰여 있다(13장은 별도의 편지, 110년 이그나티오스의 순교 직후에 성립). 폴뤼카르포스는 70년경 태어나, 당시 스미르나의 주교(감독)였다. 이 편지로도 알 수 있듯이, 도덕주의적, 전통주의적 성격이 강하고, 가현론적 '이단'에 대해

단호한 호교론자護教論者였다. 그 정신은 목회 서간의 연장선
상에 있다.

〈바르나바의 서간〉은 실제로는 편지도 아니고 바르나바에
게서 유래한 것도 아니다. 오히려 완전히 '지식'(1:5)에 관한 신
학 논문이다. 성립 연대는 130-140년경이고 성립 장소는 알
수 없다. 어느 학자는 이 문서를 이렇게 평한다.

바르나바의 서간은 원시 그리스도교 문학 중에서도 가장 기묘
한 문서일 것이다. 시기적으로도 신학사적으로도 자리를 매기기
가 곤란한 한 마리의 늑대이고, 교회사나 교회 체제의 역사의 문
제에 관해서도 어느 것 하나 가르쳐주는 것이 없고, 독자적인 공
헌도 희박하며, 평범함과 허영이 결합되어 있으면서 문학사적
으로도 신학적으로도 매력적인 것은 전혀 없다. 그러나 이 문서
는, 실로 이 독립성의 결여 때문에 의미를 가질지도 모른다. 그러
니까, 이 문서 안에 수용되어 있는…… 율법학자적 전승을 밝히
고, 역사적으로 그 위치를 자리 매김할 수 있다면, 이 문서는 신
학사상 제일급의 사료가 될 수 있을지도 모른다.(P. Vielhauser,
Geschichte der urchristlichen Literatur, Berlin/New York,
1975 수록)

같은 시기에 소아시아의 히에라폴리스의 주교 파피아스Pa-
pias는 『주의 말씀의 해설』이라는 5권짜리 책을 썼다. 다만 이

작품은, 에이레나이오스나 에우세비오스의 저작에 인용된 대목을 통해 단편적으로만 알 수 있을 뿐이다. 하지만 복음서 기자記者 '마르코가 베드로의 통역이었다'라든가, '마태오는 히브리어로 주의 말씀을 집대성해, 각 사람이 그 능력에 따라 그것들을 해설(또는 번역)했다'라고 하는, 〈신약성서〉 연구사에서 오랫동안 물의를 일으킨 발언이나, 유다 이스카리옷의 최후에 관한 가장 그로테스크한 전설 등을 포함하고 있다는 점에서 간과할 수 없는 문서이다.

〈클레멘스의 둘째 서간〉은 위서僞書이고, 2세기 중반경, 일반적으로 로마 내지는 코린토스에서 쓰였다고 간주되고 있는 설교이다. 현존하는 그리스도교 최고最古의 설교라는 점에서 역사적 가치가 있다.

〈헤르마스의 목자〉도 2세기 중반에 성립된 문서이다. 저자는 로마의 교외에서 농장을 경영한 인물로 여겨지는데, 전승에 의하면 로마의 주교 피우스의 형제라고 전해진다. 이 문서는 유형적으로는 일종의 묵시 문서이고, 다섯 개의 '환상', 열두 개의 '훈계', 열 개의 '비유'로 되어 있다. 주요 테마는 그리스도교도가 세례를 받은 뒤에 범한 죄는 어떻게 되는가라는 문제이다. 이것은 종말이 무한히 지연되는 상황에서 당연히 나오는 문제라고 말할 수 있다. 여기에 대해서는 딱 한 번 더 마지막 회개의 기회가 주어진다. 그리고 (그리스도로부터 주어진) 훈계에 따라 올바르게 살 것이 요청된다. 그렇게 하면 마지막에는 구원받게 될 것이다. 이것은 당시의 초기 카톨리시즘의 평균적 윤리 및 문제의식을 표현하고 있어서 그러한 점에서 중요한 문서로 여겨진다.

마지막으로 형식상 사도 교부 문서에 속하는 〈디오게네토스에게 보낸 서간〉이 있다. 이것은 광범위한 이방인 독자층을 위한 그리스도교 변증 문서이다. 쓰인 시기는 200년경 이후 콘스탄티누스 시대 이전이라는 것밖에는 알 수 없다. 성립 장소는 알렉산드리아라는 의견도 있지만, 자세한 것은 알 수 없다(다만 마지막 11-12장은 다른 사람이 덧붙인 것이다).

그 밖의 그리스도교 문서

그 밖에 2세기 중반까지 성립한 그리스도교적 문서를 보면, 우선 시리아(내지는 이집트)에서 성립했다고 생각되는 아름다운 가집 〈솔로몬의 송가頌歌〉가 있다. 그것의 그노시스주의와의 관계에 관하여 최근 특히 논의가 활발하다. 또한 외경 복음서 중에서는 〈야고보 원原복음서〉가 2세기 중반 무렵, 〈도마에 의한 예수의 어린 시절 이야기〉가 같은 무렵, 나아가 〈베드로 복음서〉도 2세기 중반 이후에 성립했다. 〈베드로 복음서〉는 시리아에서 성립된, 특히 로마에 대한 호교론적 요소가 강한 문서이다. 마찬가지로 베드로의 이름으로 장식된 〈베드로의 묵시록〉은 아마도 바르 코크바의 반란 이후 2세기 전반에(이집트에서?) 성립한 묵시 문서로, 음부陰府에 대한 공들인 묘사가 특징이다.

또한 2세기 후반에는 행전行傳 문학의 중요한 작품들이 나타났다. 〈안드레아 행전〉은 2세기 후반에 그리스에서 성립된 것으로 보인다. 〈베드로 행전〉은 180-190년경 로마나 소아시아에서 쓰인 듯하다. 다만 분량의 3분의 1은 분실되어버렸다. 〈바울로 행전〉은 소아시아의 교회 장로에 의해 저술되었는데, 〈베드로 행전〉에 의존한 것으로 보이기 때문에 2세기 종반 가까이에 성립되었을 것이다.

에필로그

기로에 서서

이 『성서시대사 신약편』은 이상, 거의 기원후 200년으로 서술이 마무리된다. 이후의 초기 그리스도교사는 교회가 거듭되는 박해 —데키우스 황제 치하의 박해(249-250년), 발레리아누스 황제 치하의 박해(257-358년), 디오클레티아누스 황제 치하의 박해(303-304년)— 끝에 어떻게 로마 제국을 '정복'해 나갔는지가 서술될 것이다.

즉, 313년의 밀라노 칙령에 의해 공인된 그리스도교는, 그 뒤 392년에는 사실상 국교가 되고, 395년의 제국 분열도 476년의 서로마 제국 멸망도 뛰어넘어 서양 세계 전반으로 전파되어 군림하기에 이른다. 교의敎義 체제적으로도 325년의 니카이아 공의회, 381년의 콘스탄티노폴리스 공의회, 그리고 451년의 칼케돈 공의회 등에 의해 신앙 개조個條와 신학의 기본적 방향을 확정했다. 또한 교회 체제에서도 서방에서는 440년 로마 교황 레오 1세의 즉위에 의해 로마 카톨릭 체제를 확립한다. 다만 동방의 교회는 로마 카톨릭 교회의 전적인 지배를 긍정하지 않고, 황제교황주의 아래에서 독자적인 발전을 시작한다.

이 이후는 초기 그리스도교라 부르지 않고, 오히려 로마 카톨릭사史이며, 비잔틴 교회사라 할 수 있다. 길고 풍요로웠던 중세 시대가 그 배경이 된다. 그리고 16세기 이후의 근세가 되면, 특히 서방 교회에서는 종교개혁과 반종교개혁의 격동기에 돌입하고, 종교개혁으로부터 수많은 '프로테스탄트'계 교회가 나타난다. 그 뒤 교회가 주 원인이 되어 수많은 대립과 고뇌, 전쟁과 범죄, 파괴와 창조가 있었다는 것은 현대인이라면 누구나가 보고 들은 사실이다.

이렇게 해서 현재, 예수파 운동이 일어난 뒤 약 2000년이 경과했다. 그러나 역사가 21세기로 돌입한 지금도 역시 그리스도교에 직접 관련된 분쟁이 끊이지 않고 보고되어, '전쟁과 전쟁의 소문을 듣게'(〈마르코〉 13:7) 되지 않는 시대는 없다. 때마침 '그리스도교' 신앙을 표방하면서도 다른 나라보다 훨씬 더 호전적이고 강한 욕심을 가진 대국이 자기 존재를 과시하고 있다. 과연 그리스도교는 장래 세계에 어느 정도라도 적극적, 건설적인 비전을 줄 수 있을까. 아니면 그리스도교의 생명력은 개인적인 기호嗜好의 레벨에서는 몰라도, 세계를 새롭게 할 힘으로서는 이미 과거의 것이 되어버린 것일까. 확실히 서구에서는 그리스도교적인 '신앙' 체계가 유물화되는 과정에 있고, 그리스도교회가 급속하게 쇠퇴하고 있다는 것은 누구의 눈에도 명백하다. 그리스도교는 이대로 세계의 여러 대립과 문제들 속에서 아무것도 이루지 못하고, 크리스마스와 그 밖의 사회 관습으로서는 계속해서 존속해도, '종교'로서는 실제로 거대한 역사 박물관 속으로 들어가게 될까.

예언자의 말을 흉내 낼 생각은 전혀 없다. 그러나 현재의 그리스도교가 그 관념 시스템도 교회 체제도 포함해, 새롭게 자기를 비판적으로 평가하고, 근원에서부터 자기 변혁을 해야 할 기로에 도달했다는 것은 틀림없는 것처럼 보인다. 그렇다고 하면 더더욱 우리는 그리스도교사와의 비판적 대화를 진지하고, 철저하게 수행할 필요가 있을 것이다. 그때 그리스도교 최초기 운동의 동향은 틀림없이 가장 중요한 주제가 될 것이다. 다양한 인간을 살릴 수 있는, 이제부터의 인류 공생을 위한 진정한 그리스도교는 어떻게 해야 가능한가, 이 원대한, 그러나 급박하게 다가온 과제를 다루기 위해서도 '유대교 예수파'와 거기에서 성장한 '초기 그리스도교'의 모습을 확인하는 것은, 그리스도교에 어느 정도라도 관련이 있는 사람으로서는 피할 수 없는 과제일 것이다.

후기

필자는 전에 야마가 테츠오 씨와 함께 이집트사, 메소포타미아사, 그리스사, 로마사 등의 내용에, 이스라엘사와 초기 그리스도교사를 더한 『구약신약 성서시대사』를 펴냈다(1992년 초판). 이 책은 자매편으로 나온 『성서시대사 ─ 구약편』과 마찬가지로, 이 『구약신약 성서시대사』를 기초로 하고 있다. 구체적으로는, 그 책의 신약성서 연관 부분에서 '메소포타미아, 이란' 등의 시대사를 삭제하고 보다 밀접한 연관을 지닌 '로마'와 '유대/유대교'의 시대사적 동향을 살리면서, 원래의 예수파의 운동사 내지는 초기 그리스도교사 부분에 집중적으로 증보 가필하고 시야의 개정을 더했다. 또한 동시에 전체의 장 구분도 통폐합했다. 그렇게 해서 완성된 이 책은 아마도 원래의 『구약신약 성서시대사』와 비교하면 약 절반 정도는 새로운 내용일 것이다.

　그렇다고는 해도, 신중하면서도 책임감이 강한 연구자라면 결코 이러한 책은 쓰지 않을 것이다. 그리스도교사 최초의 두 세기라는 건 너무나도 불명확한 점이 많고, 단편적인 사실들밖에는 알 수 없는 것이 실상이다. 약간이라도 무슨 말을 할 수 있을지도 모를 자신의 좁은 분야를 넘어서, 이 시기 전체를 개관한다는 흉내 같은 건, 하고 싶다고 해도 사실은 할 수 없고, 하려고도 하지 않는 것이 정직한 연구자의 자세일 것이다. 아니나 다를까, 이 책은 통설이나 정설을 수용했을 뿐인 대목도 있고, 부끄럽게도 나의 사견을 전개한 대목도 있어서, 그 농담濃淡은 조정되지 않았다. 그것이 경솔한 행동이라는 비판은 삼가 받을 수밖에 없다. 그럼에도 이 책을 기점으로 해서 독자 여러분이 스스로 비판적으로 이 책의 주제를 심화시켜 전개해 나가는 데 도움이 된다고 하면 그것만으로도 이 허술한 책의 의도는 달성되었다고 생각한다.

2003년
사토 미가쿠

신약성서사 연표

기원전 (40)37-4	헤로데 대왕의 지배.
기원전 30	옥타비아누스가 이집트를 정복하고 지중해 전역을 평정.
기원전 27-기원후 14	아우구스투스 재위.
기원전 20-기원후 10경	율법학자 힐렐과 샴마이의 활동.
기원전 4 이전	예수 탄생.
기원전 4	헤로데 대왕 죽고, 유대인의 반란. 팔레스티나는 헤로데의 세 명의 자식(아르켈라오스, 헤로데 안티파스, 필리포스)에게 분할.
기원후 6	아르켈라오스 실각하고 유대, 시미리아는 로마의 속주로 편입.
9	토이토부르크 전투에서 로마 대패.

14-37	티베리우스 재위.
20-40경	라반 가말리엘 1세의 활약.
25경	헤로데 안티파스, 티베리아스 건설 완료 (13—).
26-36	유대 총독 폰티우스 필라투스.
28경	세례자 요한의 등장, 예수가 세례를 받음.
30경	예수의 십자가 죽음.
31	로마에서 세이아누스 처형.
32경	스테파노의 순교, '헬레니스타이'에 대한 박해.
33경	바울로의 '회심'.
34	필리포스 사망.
35경	바울로의 예루살렘 방문.
37-41	가이우스 재위.
37경-44	헤로데 아그리파 1세, 구 필리포스령領의 왕이 됨.
39	헤로데 안티파스 갈리아로 추방되고 그 영토는 헤로데 아그리파에게 돌아감.
40	가이우스, 예루살렘에 자신의 상像을 세울 것을 명하지만 뜻을 이루지 못함.
41-54	클라우디우스 재위.
41	헤로데 아그리파 1세, 유대와 사마리아 지방을 얻음.

43경	헤로데 아그리파 1세 예루살렘 교회 박해, 제배대오의 아들 야고보 순교.
44	헤로데 아그리파 1세 급사하고, 그 뒤 팔레스티나 전역이 로마의 속주로 편입.
47경	바울로의 '제1차 전도 여행'.
48경	팔레스티나에 대기근. 예루살렘에서 사도 회의.
49경	이 무렵부터 유대 소요화. 안티오키아 충돌 사건. 유대인이 로마에서 추방됨. 사도 교령 발포發布.
49-52경	바울로의 '제2차 전도 여행'.
50/51경	〈테살로니카서〉
53-56경	바울로의 '제3차 전도 여행'.
53/54경	〈갈라테아서〉, 〈코린토서 1〉, 〈코린토서 2〉, 〈필리피서〉, 〈필레몬서〉
54-68	네로 재위.
55경	'이집트인'의 반란.
55-56경	〈로마서〉
56경	바울로, 예루살렘에서 체포되어 이후 2년 동안 구류.
58경	바울로, 황제에게 상소해 로마로 호송.
61/2	바울로의 처형.
62	'주의 형제' 야고보의 순교.
60년대 전반?	Q전승 집단 등, 팔레스티나를 떠남.

64	로마 시에 대화재 일어나 로마에 있던 유대교 예수파가 박해받음. 베드로 순교. 예루살렘 신전 완성. 이 무렵부터 유대 전역으로 혼란 확대.
66전후	라반 시메온 벤 가말리엘 1세의 활동.
66경	예루살렘 원시교회, 펠라(?)로 탈출.
66-70	제1차 유대 전쟁.
68	네로 자살. 이후 제위를 둘러싸고 로마는 내전 상태에 빠짐.
69-79	베스파시아누스 재위.
70	예루살렘 멸망.
73	마사다 요새 함락.
70년대	요하난 벤 자카이를 중심으로 팔레스티나 유대교는 야브네 체제 구축.
70년대	〈마르코 복음서〉
75-79	요세푸스 『유대 전기戰記』
79-81	티투스 재위.
81-96	도미티아누스 재위.
80년대	〈마태오 복음서〉, 〈야고보서〉, 〈콜로새서〉
90경	라반 가말리엘 2세, 총주교Nasi가 됨.
90년대	〈히브리서〉, 〈루카 복음서〉, 〈사도행전〉, 〈테살로니카 2〉, 〈요한 복음서〉, 〈요한의 서간〉

90년대	유대교, (구약) 성서 정전을 확정.
93-94	요세푸스 『유대 고대지古代誌』
95경	소아시아에서 그리스도교 박해.
95경 이후	〈요한 묵시록〉, 〈베드로 1〉, 〈에페소서〉
96-98	네르바 재위.
97경	〈클레멘스의 첫째 서간〉
98-117	트라야누스 재위.
2세기 초반경	〈12사도의 교훈〉
106	나바테아, 로마의 속주 아라비아가 됨.
110경	〈안티오키아의 이그나티오스의 서간〉
110경	이그나티오스 순교.
110경-135	랍비 아키바의 활동.
112경	비티니아의 그리스도교도 박해.
115-117	키토스 전쟁.
116	아시리아를 병합해, 로마의 영토 최대 판도로.
117-138	하드리아누스 재위.
2세기 전반	〈티모테오서 1〉, 〈티모테오서 2〉, 〈티토서〉, 〈바르나바의 서간〉, 파피아스 『주의 말씀의 해설』, 〈에비온인 복음서〉, 〈솔로몬의 송가〉
130경	아퀼라역譯 성서의 성립.
132-135	제2차 유대 전쟁(바르 코크바의 반란)
136경	〈폴뤼카르포스의 서간〉

138-161	안토니누스 피우스 재위.
144	마르키온, 로마 교회로부터 파문 당함.
2세기 중반	〈베드로 2〉, 〈클레멘스의 둘째 서간〉, 〈헤르마스의 목자〉, 〈야고보 원복음서〉, 〈베드로 복음서〉, 〈베드로 묵시록〉
150경	랍비 메이르의 활동.
155/156(또는 161-169)	폴뤼카르포스 순교.
156/157(또는 172/173)	몬타노스 등장.
161-180	마르쿠스 아우렐리우스 재위.
2세기 후반	고古 로마 신조 성립.
2세기 후반	〈도마 복음서〉, 〈요한 행전〉, 〈안드레아 행전〉
165경	유스티노스 순교.
177	루그두눔에서의 그리스도교도 박해.
178	에이레나이오스, 리옹의 주교가 됨.
180-192	콤모두스의 재위.
185경	에이레나이오스 『이단 반박론』
190경-217	랍비 유다, 총주교가 됨.
2세기 말	〈무라토리 정전 목록〉, 〈미슈나〉
193	콤모두스 암살되고, 그 뒤 제위를 둘러싸고 혼란이 이어짐.
193-235	셉티미우스 세베루스 재위.
200경	〈베드로 행전〉, 〈필리포 복음서〉
200 이후	〈디오게네토스에게 보내는 서간〉

옮긴이의 말

2천 년 전 로마 제국의 식민지였던 팔레스타나에서 태어난 예수라는 인물이 십자가형으로 처형되었다. 반란죄라고도 하고 신성모독죄라고도 했다. 예수의 사건 자체는 당시의 역사가들이 봤을 때는 특기할 만한 요소가 별로 없었는지 그의 활동과 죽음에 대해 별다른 기록을 남기지 않았다. 예수는 신의 왕국이 임박했으니 사람들에게 회개하라고 선포했다. 여러 비유 이야기로 사람들에게 다가올 신의 왕국의 속성을 들려주었다. 고난 받던 민중들을 중심으로 그에 대한 열광이 퍼졌지만 예수의 선교는 그리 성공적이지 않았다. 거듭되는 실패 속에서 예수는 따르던 사람들을 어리둥절하게 만든 예루살렘 입성을 감행해 유대 신정체제의 핵심인 신전의 기능을 부정하는 시위를 하고 신전이 붕괴할 것이라고 예언하기까지 했다. 이에 신전 체제의 주축인 사제들이 예수를 죽이려고 모의했다. 죽기 직전의 예수에게 극도의 고뇌와 공포가 덮쳤다. 예수는 그를 심문한 로마 총독과 유대 최고법원의 사제들과 율법학자들 앞에서 아무런 자기 변호도 하지 않았다. 예수를 메시아라고 환호하던 사람들은 처참한 모습으로 무력하게 십자가에 매달린 예수를 매도하고 그를 따랐던 사람들은 그를 부인했다. 그리고 십자가에 몇 시간 매달려진 뒤 죽기 직전에 의미 불명의 큰 소리를 지르고 그는 숨을 거두었다. 예수가 죽은 뒤 그를 따르던 사람들은 뿔뿔이 흩어졌다. 하지만 예수가 십자가 위에서 죽은 하나의 작은 사건은 그때부터 앞으로의 세계를 결정한, 인류 역사에서 가장 중요한 사건이 되었다.

〈성서시대사 신약편〉은 예수의 탄생부터 〈신약성서〉가 실질적으로 성립된 기원후 2세기까지의 그리스도교의 역사를 다루고 있다. 예수의 죽음 뒤 뿔뿔이 흩어졌던 사람들이 예루살렘으로 모여 '예수 사건'에 대한 활발한 체험담과 해석을 통해 예수에 대한 '추모 작업'을 벌이고, 오뒤세우스와 같은 열정으로 그리스, 소아시아 지역에서 이방인들을 상대로 예수의 복음을 선교한 바울로의 전도 활동을 통해 이들이 유대교 예수파에서 시작해 70년의 예루살렘 멸망 후 유대교에서 떨어져 나와 원시 그리스도교로서 자기 정립을 모색하고 로마 카톨리시즘의 초석이 닦인 시기까지이다. 그리스도교가 보편 종교로서 전 세계에 퍼지는 데 무대를 제공했던 로마 제국의 역사와 그리스도교의 정신적 원천인 유대교의 역사가 병행하면서 초기 그리스도교가 급변하는 환경 속에서 그들에게 다가온 과제에 어떻게 대응해나갔는지를 조감할 수 있다.

예수의 삶과 사상에 대한 해석이 저마다 달랐다는 것은 유명한 '사도 회의'와 '안티오키아 충돌 사건', 초기 그리스도교 최대의 '이단'이었던 그노시스주의를 통해 추측할 수 있다. 그리고 예수의 삶과 사상을 구약성서에서의 예언의 성취로 규정하면서도 유대교의 배타성을 지우기 위해 거기에서 떨어져 나와 보편 종교로서 새로 탄생하는 것이 원시 그리스도교의 입장에서 얼마나 지난한 과정이었는지를 짐작할 수 있게 해준다.

고난과 핍박 속에서 그것에 굴하지 않고 성장을 거듭해 간 그리스도교의 핵심에 정통파 교회 체제가 있었다는 것은 분명하지만 신앙의 형태가 시간이 지날수록 점점 더 교조화되어 가면서 다양한 해석과 신앙의 형태가 '이단'이란 딱지가 붙은 채 탄압의 대상이 되었다는 것은 종교 역시 인간 사회의 영위라는 사실을 새삼 느끼게 한다.

예언자의 말을 흉내 낼 생각은 전혀 없다. 그러나 현재의 그리스도교가 그 관념 시스템도 교회 체제도 포함해, 새롭게 자기를 비판적으로 평가하고, 근원에서부터 자기 변혁을 해야 할 기로에 도달했다는 것은 틀림없는 것처럼 보인다. 그렇다고 하면 더더욱 우리는 그리스도교의 역사와의 비판적 대화를 진지하고 철저하

게 수행할 필요가 있을 것이다. 그때 그리스도교 최초기 운동의
동향은 틀림없이 가장 중요한 주제가 될 것이다.

저자가 후기에서 말하듯이 초기 그리스도교의 역사를 이해
하는 것은 그리스도교와 관련이 있는 사람으로서는 피할 수
없는 과제일 것이다. 또한 예수의 놀라운 언행과 비유 이야기
들을 되새기며 그가 촉구한 메시지의 참뜻을 숙고하려는 일반
인들에게도 초기 그리스도교의 역사는 적지 않은 것들을 시사
할 것이다.

옮긴이 | 김석중

서울에서 태어나 연세대학교 철학과를 졸업했다. 출판계에서 편집과 기획 일을 하고 있다.
옮긴 책으로 『소년 시대』『마음을 들여다보면』『야구 감독』『미식 예찬』『교양 노트』『유모
아 극장』『이야기가 있는 사랑수첩』『여자는 무엇을 욕망하는가』 등이 있다.

성서 시대사 – 신약편

초판 1쇄 발행 2021년 6월 25일

지은이 사토 미가쿠
옮긴이 김석중

펴낸곳 서커스출판상회
주소 경기도 파주시 광인사길 68 202-1호(문발동)
전화번호 031-946-1666
전자우편 rigolo@hanmail.net
출판등록 2015년 1월 2일(제2015-000002호)

ISBN 979-11-87295-58-7 03230